編集とは何か

藤原書店編集部編

粕谷一希 Kasuya Kazuki（総合雑誌）
寺田博 Terada Hiroshi（文藝雑誌）
松居直 Matsui Tadashi（児童書）
鷲尾賢也 Washio Kenya（人文学芸書）

藤原書店

編集とは何か／目次

第I部　編集とは何か

第Ⅱ部　私の編集者生活

第Ⅲ部 （討論） 編集の危機とその打開策

編集とは何か

第Ⅰ部　編集とは何か

1　総合雑誌

粕谷一希

1　パーソナル・メディア

中央公論社で編集生活二十三年、退社して、次の『東京人』を編集するまでの間、六年間のブランクがあるが、実際はその間も編集の仕事が絶えることはなかった。『東京人』を創刊し翌年、株式会社都市出版を創設してからすでに十五年の歳月が経つ。トータルで四十四年間、編集者生活をしてきたことになる。いまでは「生涯一編集者」の覚悟を決めた。どこまで究めるか。行けるところまで行ってみようと思う。

四十四年間の編集生活を経験しての結論は、マスコミとか、マスメディアとか、巷間では曖昧な観念がそのまま通用しているが、実際の編集者の生活には、マスメディアなどというものは存在しない。存在しているのはパーソナルメディア（個人的な媒介者）だけだ、という単純な結論である。

編集者の日常は、作家や学者、新聞記者や政治家、経営者や官僚、芸能人やアーティスト、およそ、この世界でのあらゆる職業人と接触し、その経験や思考を文章化し、雑誌化し、書籍化する。そうした文章は筆者と編集者の共同の産物である。編集者の依頼の仕方、問題意識、相手の能力の読み方など、同じ筆者でも編集者の依頼の仕方で文章は変ってくる。まさに筆者は「編集者に向って書く」（横光利一）のである。

なぜなら、編集者は最初の読者であり、読者代表であるからである。だから、その問題意識を抜きにしての読者層調査というものを私は信じない。編集者自身が面白いと思わない原稿を、読者が要求するからという名目で掲載することはもっとも唾棄すべきことである。

だから、とくに文章の専門家である作家や学者は編集者の選り好みが激しい。逆に編集者の側からいえば、筆者の能力だけでなく、趣味や癖まで呑みこんで、助産婦役として、筆者の最高の能力を引き出さなければならない。

編集とは筆者とテーマの選択的構成であるというのが、私の定義であるが、そこに編集者の個性も現れる。媒介者である編集者は、筆者とテーマを結びつけ、筆者と筆者の出会いを工夫し、それぞれが新しい発展となる存在でなければならない。ギリシア神話のメディアという存在や名称は味わうほどに面白い。

2　梅棹忠夫の「情報論」——編集・展示・デザイン

日本の出版人で編集の仕事を理論化した人を私は寡聞にして知らない。多くは回顧録であったり、自伝であったりして、そのなかに格言めいた編集についての感想はあっても理論的体系化を志向したものではない。文士や学者にも編集者への注文であったり、「編集者に向かって書く」（横光利一）といった編集者重視の声はあっても、そちらからの編集という作業の理論化を試みた人を聞かない。

今日メディア論、マスコミュニケーション論は大学の講義のテーマとなっているが、その内容がどのようなものか知らない。少なくとも私の同時代のマスコミュニケーション論は実際を知らない、つまらないものが多かった。

そうしたなかで、梅棹忠夫という独創的な人類学者は、早くから編集という仕事をみずからの体系のなかに位置づけていた人である。梅棹忠夫は『文明の生態史観』（一九五七）で一躍有名になった人だが、一九六〇年代、「情報産業論」という面白い論文を『放送朝日』に発表した。私はあまりに刺激的なので『中央公論』に転載させてもらった。それは農業社会、工業社会の次に情報社会が到来するであろうことを予見したものだった。情報という問題をもっとも早く、深く考えた先駆者といってよい。

その梅棹忠夫が、万博から国立民族学博物館創設の過程で、編集とか展示とかデザイン（設計）という仕事を自らの仕事として手がけるなかで、その理論化を思索していったのであろう。

梅棹氏によれば、雑誌・新聞・テレビだけでなく、映画・音楽などにおける監督や指揮者にも、編集と同質な機能を認めているのである。要するに情報創造の第一段階において編集という仕事が如何に重要であるかを梅棹氏は説いている（『情報の文明学』一九八八年、『情報産業論』一九八九年、ともに中公叢書）。

今日、情報といえばコンピュータ、インターネットを想像する。しかし、それは情報機器産業であって、情報産業ではない。コンピュータやインターネットの発展は目ざましい。しかし、その場合もハードよりソフトが重視され、ベンチャアビジネスがもてはやされる。けれども、本当のベンチャアは、少数の編集者集団だと私は考えている。

3　ブーアスティン『The Image』

この本の訳書が公刊されたのは昭和三十九年（一九六四年）、『幻影の時代――マスコミが製造する事実』という表題で東京創元社の現代社会科学叢書の一冊としてであった。

この叢書は社会学の辻村明氏が顧問をしていたせいか面白いものが多く、学生時代から親しんでいたが、本書が出たころは、中央公論編集部にあって仕事が面白く油が乗りかけていたころであった。同時に、雑誌編集について、仕事をしながら、編集とは何か、ジャーナリズムとは何かという問いに考えこまされることが屢々であったころである。だから、イメージについてシニカルに否定的側面を描き出した本書はジャーナリストに自省を強いる覚醒剤としての役割をもっていた。

――マスコミはニュースを伝えるのではなく、ニュースを製造するのだ（まさに今日の情報社会は製造されたニュースに溢れている）。

――合成的で新奇な出来事《イベント》を疑似イベント pseudo-events と呼びたい。pseudo とは偽物の、人々をあざむくための、という意味のギリシア語からきた言葉である。

——この世には英雄はいなくなり、いまや有名人と無名人の区別しかなくなった。

——十九世紀の人間は理想《イデア》を求めた。二十世紀の現代人は理想《イデア》ではなくイメージを求める。人間は何をなすべきかではなく、他人からどう見られるかが重要になる。

——かつて旅行は新しい発見のための冒険だった。しかしいまや旅行は変質して観光となり、過程《プロセス》も経験もなくなってしまった。

おそらく、現代アメリカへの痛切な批評として書かれたこの書物は、現代日本への批評としてもそのまま当てはまる。先進国社会といわれる社会は共通したゆがみもしくは病いをもっており、人間をゆがめてしまっているのだ。今日のテレビに極端に出ている特徴は、テレビだけでなく新聞の属性でもありそこから逆流して雑誌や出版の世界にも顕著になってきた。

いまや、マスコミ社会の芸能化、タレント化は逆らいがたく、学術書、文芸書、翻訳書が極端に売れなくなった。

私にとって編集を考える上での警告の書としていまも生きている。

4　マクルーハンのメディア論

M・マクルーハンのメディア論は、二度翻訳されて共に版を重ねている。最初は一九六七年、後藤和彦・高儀進両氏の訳で、竹内書店新社から『人間拡張の原理——メディアの理解』という表題で公刊されている。二回目はそれから二十年経った一九八七年、栗原裕・河本仲聖両氏の訳で、みすず書房から『メディア論——人間の拡張の諸相』という表題で出されている。情報社会に入った現代日本社会でも、マクルーハンの理論に持続的関心が高いことを物語っている。というより、情報社会の進展自体の意味を問うことなしに、今日の社会の理解が不可能だからであろう。

ちなみに、マクルーハンの移入は、日本社会に「マクルーハン旋風」を巻きおこしたが、現在、テレビのキャスターとして活躍している竹村健一氏はその初期からのマクルーハン理解者であり、これに関連した著書も出されている。

「メディアはメッセージである」というマクルーハンの命題は、現代人を取り囲む、もしくは現代社会を構成する、さまざまな道具、機械にまで及び、それが発信するメッセージの解釈学である。

いいかえれば、これまで文学は文章の解釈学として発達してきたが、このカナダという新世界に住む文学者は、解釈の対象を衣服、家屋、貨幣から、時計、印刷、マンガ、写真、新聞、自動車、広告、電話、映画、テレビ等々、現代社会の二次環境のすべてを対象として、科学・技術の世界と考えられてきたモノが、ある文学的意味合いのメッセージをもっていることを鮮やかに示したのである。それは文学概念の転換といっても過言ではない。

日本の文学者が、依然として、文章の、あるいはせいぜい、絵画や音楽といった芸術の領域で文学を考えている現状とは面白いコントラストを成している。

現代社会の混沌は時として、これまで自明と考えられてきた諸事物の意味を失わせる。言葉が力を失い、全共闘のようにゲバ棒という暴力がひとつのメッセージとなったり、先生より生徒の方が情報量が多く、既存の教科書や授業が魅力を失い、色あせて、突然、学級や学校が崩壊する。何を編集するか、何を報道するか考える場合、既存の観念、自明の観念として聖域のように検証を忘れることが、もっとも自戒すべきことなのである。

5　リップマンの公の観念

ブーアスティン、マクルーハンを語ってくると、アメリカというジャーナリズムの祖国あるいは二十世紀のジャーナリズムの哲学を創設した、ウォルター・リップマンに触れないわけにいかない。この二十世紀の巨人の全体について私は論ずる用意はない。ただ、リップマンは、*Public Opinion*（1922），*Public Philosophy*（1955）という二冊の本を書いている。前者は『世論』と題して掛川トミ子さんが周到な翻訳を岩波文庫から出しているし、後者はペーパーバックにもなっている小冊子であるから原語のままでも読みやすい。リップマンの頭からは終生、公共とか公衆といった観念が離れなかったからであろう。イメージという観念もリップマンが発見したもので、ブーアスティンやマクルーハンを含めて、従来のジャーナリズム論は、イメージ論をめぐって展開されているといってもよいかもしれない。

しかし、それと同じくらい、public という観念はリップマンの思想体系の鍵概念である。

ちなみに、いまでは「世論」という言葉が普及してしまったが、かつては日本では「与論」といい、さらに明治時代には「公論」といった。いささか固い言葉だが、public opinionの訳としては「公論」の方が原義に近い。最初は五箇条の御誓文の「万機公論ニ決スベシ」に始まるのであろうが、『中央公論』とか『歴史公論』といった表題が雑誌に多かったのもそのことを物語る。

なぜ公共の観念がリップマンの頭を離れなかったのか。それはデモクラシーの政治社会が、つねに私的関係や私的利益に堕しやすく、公共性をどこに見つけ出してゆくかが、まことに難しかったためであろうと思われる。

新聞や世論もまたステレオタイプに堕しやすく固定的イメージに支配され、真の公共性に到達することは難しい。

そのリップマンが、最後に到達したのは、公共性とは、政治や選挙における多数派でもなければ、世論調査におけるパーセンテージでもないということだ。かつて生きた先祖たち、これから生れてくる子孫たちを含めなければ真の公共性とはならない。「年老いた老人がなぜ苗木を植え、若い青年がなぜ祖国のために死ぬのか」と問うているところは感動的である。

6　徳富蘇峰の手法

ここで話を日本に戻そう。ジャーナリズムの機能の根幹の一つである編集に就いて考えるために、日本の先人がどういう思想や発想をもっていたか、われわれもまた日本語の伝統のなかで仕事をしているのであるから、歴史を省みることなしに今日の編集に就いて考えることはできない。

書物の編集事業は当然ながら江戸時代、あるいはそれ以前からあったが、やはり活版印刷が発明・普及した明治以降の流れを考えてみるべきだろう。それも、私自身の仕事が雑誌中心であったから、定期刊行物としての雑誌を中心に考えてゆきたい。

日本の総合雑誌のはじまりを『明六雑誌』と考えるか、蘇峰の『国民之友』と考えるかは意見の分かれるところだろう。私はやはり『国民之友』がはじまりだと思う。『明六雑誌』は問題意識を共有した当時の知識人の最高峰の同人雑誌の性格が強い。

徳富蘇峰に就いては、古来、毀誉褒貶がわかれるところだが、私は歴史家として巨大な存在であり、ジャーナリストとして卓抜な存在だったと思う。平民主義から藩閥政治との妥協に変わり、また大東亜戦争開戦の詔勅を書いた蘇峰に問題がないわけではないがそれは別途考察すべき難問である。

敗戦後、蘇峰を訪ねたM・ジャンセンに、

――あなた方は日本を滅ぼしたから、これまで日本が引き受けていたロシアと対峙することになった。

と皮肉ったという。まことに歴史家として怪物というべきだろう。

その蘇峰が若いころ『将来之日本』というベストセラーを書き、英国の Nation に倣って『国民之友』を創刊したことは、ジャーナリストとしての勘と洞察力の並々ならぬことを語っている。

もっとも蘇峰らしいエピソードを一つ。幕末の福地桜痴はフランス通辞を務めた知識人で早くから文筆を謳われた文章家であった。その桜痴がある疑獄事件に連座して尾羽打ち枯らした時期があった。蘇峰はその時期を狙って桜痴の許を訪ね、「幕府衰亡論」の連載を頼んだ。桜痴は原稿料一枚一円の条件を出して執筆を引き受けたという。原稿依頼は他人の行かないとき、行かない人のところへ行け、が鉄則である。

7　池辺三山の見識

福澤諭吉や徳富蘇峰は有名で、とりわけ福澤の場合はもう少し広い視野で論じられねばなるまい。それに比べると陸羯南《くがかつなん》や池辺三山は重要な存在でありながら、世間で広く知られているとはいえない。この際、私の気になっている池辺三山を取り上げておこう。池辺三山は熊本出身、慶応義塾に学んだが、父池辺吉十郎は西南の役で西郷側についた節義の武士である。

パリに遊び、その「パリ通信」を『日本新聞』に連載、好評を博したが、当時、日清戦争で日本の勝利が決定的となり、遼東半島の領有を日本が主張していた。池辺はヨーロッパにきてその新聞論調に接し、露独仏による三国干渉は避けられないと判断。その旨を警告として祖国に伝えた。

その予見が適中したことが池辺三山の名を一躍高からしめ、帰国後、『朝日新聞』が彼を主筆として迎えたのであった。

その池辺三山が主筆として企てたのが、夏目漱石を東大から招聘することであった。当時の帝国大学の教授以上の報酬を保障したというから、如何に破格な企てであったかわかろう。その企てを了承した経営者の村山龍平もまた偉かったというべきであろう。

池辺三山は新聞紙面の品位は学芸欄で決まると判断した。その判断が漱石招聘となったという。まさに卓見である。多くの新聞は学芸（文化）欄を、娯楽面としてしか考えていなかったのであろう。

このことは私流に解釈すれば、新聞の格は外報部と学芸部で決まることを意味する。国際社会の動向を正確に洞察し、予見すること。学芸部の記事が、その時代の学問と芸術の奥行きを表現すること。このことは今日でも変らないが、どうもそこに思いを致す新聞社の幹部はあまりいない。

なお、『中央公論』の滝田樗陰《ちょいん》は、漱石を登場させた最初の編集者で漱石に可愛がられていた。また池辺三山の『維新の三傑』という回想録を口述筆記して書物にしているが、漱石、三山、樗陰には、時代に対する感覚《センス》と見識において共通するものがあったのではないかと思う。文学史でも、新聞史でも出版史でも、こうした共通感覚への認識がないように思う。言論史、思想史には、まさにそれが重要なのだが……。

8　滝田樗陰——伝説の編集者

池辺三山とも親しかった滝田樗陰《ちょいん》は、『中央公論』の地位と盛名を確立した編集者である。蘇峰がはじめ、樗陰が完成したともいえる総合雑誌の型は、同時に、樗陰個人の教養の型を反映したものであった。

滝田哲太郎（樗陰）は仙台の二高を出て帝大の文学部英文科に学び、のち法学部に転じた。最初は『中央公論』で、大谷光瑞が海外で仕入れた欧米の雑誌の論調を紹介するアルバイトをしていたらしい。その位、英語ができた。また英文科では夏目漱石の講義を聞いていたのではないかと思われる。また法学部では当時新帰朝者であった吉野作造の言動を注視していたのであろう。

この二人が滝田編集の二つの柱になるのだが、この二人への接近の速さ、巧みさは受講生として二人の思考を掴んでいたせいだろう。自信を得た樗陰は、劇評では三宅正太郎、野球評では飛田穂州などあらゆる分野の第一人者を登場させていった。

滝田樗陰にはエピソードやゴシップも多いが、その一つを紹介しておこう。小山内薫は同時代に自由劇場の旗挙げをし、次々にヨーロッパの戯曲を翻案、上演していった演劇界の寵児であったが、いささか都会風の軽薄才子のところがあった。その小山内の戯曲を『中央公論』に掲載したが、上篇だけ掲載して下篇を掲載しなかった。よほど内容がひどく樗陰が掲載を拒否したのだろう。しかし、それは編集者の横暴だと当時の文壇でも話題となった。

文士たちが数人で芥川の家に押しかけたとき、その話題を出して、芥川の意見を求めた。しばらく思案していた芥川は、「それは編集者によるだろう」と答えた。いかにも芥川らしい思慮深い返事である。

誰にでも許される行為ではないが、ある種の編集者にはそうした決断が許される場合もある、と滝田樗陰に花を持たせたともいえる返事である。東北人の樗陰、漱石を敬愛した樗陰としては、漱石の門下生たち、若い文士たちの放埒や甘さを許せなかったのかもしれない。いわんやその結果、手抜きが歴然とした原稿を掲載することができなかったのだろう。

樗陰は大正十五（一九二五）年、四十四歳の若さで死んだ。早逝した者はいつまでも惜しまれる。もし蘇峰のように長命であれば昭和の時代をどう判断し、どのような文章を書いたことだろう。

9　菊池寛の個性

明治時代に創刊され、大正時代に花開いたのが『中央公論』だとすれば、大正時代に創刊され、昭和に花開いたのが『改造』であり、『文藝春秋』だった。ただ『改造』は『中央公論』と同質でより急進的色彩をもった総合誌であり、雑誌（文化）の型としては『文藝春秋』の方が新しく面白い。

『文藝春秋』を創刊した菊池寛は、若いころから波乱の人生だった。一高時代に芥川や久米正雄と同級だったという好運をもっていたが、入学時に師範学校に寄り道していたために年長であり、また一高時代、友人の盗みの罪を自分が引き受けて退学し、東大に入れずに京大に入学するという悲運を経験している。最高の好運とどん底の悲運を共に経験したことになる。

その菊池寛は早くから小説・戯曲の世界で頭角を現わし、「籐十郎の恋」「父帰る」といった名作を残した。苦労人の菊池寛は純文学の世界を卒業（！）し、大衆小説を書きはじめ、まだ世に出ない友人たちのために同人誌『文藝春秋』を創刊した。『文藝春秋』は歴史を好み、座談を尊重し、平易な聞き書きを多用した。その平明さは多分に総合雑誌の正統派に対するアンチ・テーゼでもあった。

雑誌を商業的に成功させた菊池寛は、文士劇を企てたり、文春講演会を組織して全国を廻った。要するに菊池寛を中心とする社交クラブを形成していったのである。

昭和初年、改造社は『現代日本文学全集』いわゆる円本を出して大当りし、岩波書店は岩波文庫を出して気を吐いた。

菊池寛は国民大衆党から立候補したりして、事業に成功した人間の迷いもあったのだろう。ただ、その菊池寛は文学的才能を愛し、横光利一と川端康成を引き合せて面倒をみたり、困ってる文士にも名を貸したりして生活を助けた。『満鉄外史』という書物はその一つでつまらない本だが、そのあとがきに、支那事変の始まった直後、「いかに皇軍といえども武力でシナ四百余州を制圧できるわけがない」と書いた。歴史家の眼である。

その菊池寛が次第に軍部に協力していったのは、文藝春秋社を背負った者の苦しみだったろう。戦後、パージになった菊池寛はやる気を失って文藝春秋社をも手放した。四七年横光利一が死ぬと後を追うように、四八年、心臓発作で急死した。

10　戦後の出発とその後の変容

戦争の廃墟から出発した戦後のジャーナリズムは、最初は群雄割拠の状態を示した。その中にはすぐ消えてしまった雑誌が多いが、木村徳三の『人間』、臼井吉見の『展望』のように質の高い雑誌も含まれていた。

しかし、多くの雑誌のなかで、他を抜いて部数を伸ばした雑誌が三つあった。扇谷正造の『週刊朝日』、花森安治の『暮しの手帖』、池島信平の『文藝春秋』の三誌である。『週刊朝日』は、トップ記事、書評欄、ルポルタージュ、連載小説と、いずれも充実していて、週刊誌のエッセンスをすべて備えていたといえる。

『暮しの手帖』は、戦後の知的中産階級の暮し方を実際に変えるほどの影響力をもち、住宅や台所用品、家具、収納といった生活のすべてを合理的に改良していった。かつての家族制度が廃止されたあとの解放的気分を象徴していたのである。

『文藝春秋』は、いわゆる総合雑誌的知識人の生硬さへのアンティテーゼの色彩をもち、戦争や皇室に対する日本人のマジョリティの考えを代弁していったところに成功の秘密があったろう。それは知識人を批判しながらも成熟した歴史観に裏打ちされていた。

やがて、復興期から高度成長期に入った日本は、テレビ時代に突入し、ジャーナリズムはマスコミと呼ばれる時代に入った。この時代を代表する人物は大宅壮一であろう。あらゆる問題を立ち所に魚河岸の料理人のように裁いてみせる大宅壮一は、新聞・雑誌・ラジオ・テレビ、あらゆるメディアの寵児であった。と同時に大宅自身は自ら宣言していたように、無思想人であった。しかし、マスコミを愛し、大宅塾を開設して後輩の面倒を見、大宅工房を組織して大量生産をはかった大宅さんは、死んで大宅文庫という役に立つ文庫を遺した。それほど、マスコミを愛したのである。

やがて、マクルーハンが翻訳されたころから、マスコミという呼称は、マスメディアに変っていった。あらゆる商品がモノである以上に、メッセージを発信する媒体であることを発見したとき、世の中は工業社会から情報社会へと変質し、ＩＴ革命（情報技術革命）を準備したといってよいかもしれない。それは同時に牧歌的古典的な出版・雑誌世界の消滅でもあった。

11　わが同時代の風景──高度成長期から解体の時代へ

私が中央公論社に入社した昭和三十年四月は、その前月、坂口安吾が急死したばかり、その興奮が社内に残っているときであった。

戦後の虚無を象徴する太宰治と坂口安吾が去って、世は文壇を含めて成長期に入るころであった。伊藤整の活躍や石原慎太郎の登場が世相を物語っていた。戦後の混乱は多くの人間の胸に残像として残っていたが、文壇・論壇も、出版社も新聞社も、次第に新しい秩序を形成していった時期であった。それは出版社の最期の牧歌的時代であった。

テレビは発足早々の模索時代、出版社が次々と週刊誌を創刊し、徐々に体質を変えてゆくがそれもまだ過渡期であった。戦後をつくった池島信平（文芸春秋）、吉野源三郎（岩波）、斉藤十一（新潮）、嶋中鵬二（中公）といった世代からバトン・タッチされたわれわれの世代は、私が個人的接触や交流のあった編集者としては、文春の田中健五、新潮の新田敞の二氏が忘れがたい。二人ともじつによく歩き、ひとに会い、取材していた。その行動力にはとてもかなわないと実感したものである。田中健五氏は角栄研究、他の大スクープをモノにした仕事師であり、新田敞氏は、山本周五郎、三島由紀夫にぐっと食いこんだ文芸編集者であった。

また英文学の小野二郎は晶文社の編集顧問として、二十世紀後半の新左翼路線の軌跡を編集者として巧みに表現してみせた鋭利で独自な存在であった。弘文堂時代、谷川雁の『原点が存在する』を公刊したころからの交際であったが、会うたびに何らかの刺激を受けた。田中健五とはちがった意味で好敵手であった。

また、私自身は文芸誌編集の経験をもたないでしまったが、同時代の文芸編集者として寺田博の執念は特記するに価いしよう。最初は河出書房の『文芸』の編集者として、河出書房が倒産してからは、自ら設立した作品社の編集者として、そして最後は、福武書店の『海燕』の編集者として、おそらく文芸編集者の最長不倒走者だったといえよう。

私たちのあと、時代は大きく変質した。虚妄の時代、ファションの時代、ＩＴの時代のなかで出版界自体が解体期に入ったように思える。

2 文藝雑誌

寺田 博

1　初めに目次ありき

編集とは、広辞苑によれば「資料を或る方針・目的のもとに集め、書物・雑誌・新聞などの形に整えること」とある。これだけではすこぶる簡単な作業と思われるが、「或る方針・目的」のなかには、思想の表明、研究成果や文学作品の発表、娯楽の提供から実用の手引きに至るまで、多様な要素が入り、そのうえ、読者が予め想定され、定価がつけられて販売されるとなると、何とも大がかりでややこしい作業になる。とても一個人の領域におさまる仕事ではないが、ここでは個人的な編集者体験から、問題点を抽出して考えてみたい。

私は三十余年間、文芸編集者を務めてきたが、出発点は、目次をつくることだった。入社面接のとき、編集長から架空の目次を提出するよう要請されたのである。ジャンルを問わず勝手に考えよ、ということだった。手許にある雑誌を何冊か開いてみた。小説・評論欄は表題と執筆者名が並んでいるだけ。ただ、子細に見れば、その執筆者の並べかたに、編集者の文学観や問題意識がにじみ出ているのだが、当時はそんな苦心が当方に読みとれるはずもなかった。ほかに座談会や対談。これは出席者の顔ぶれに、編集者の考えが表現されているらしいと見当はついたが、意図はよくわからなかった。

とにかく小説と評論欄は自分の好きな執筆者名を並べた。座談会も大げさな表題に、好きな文学者三人を並べてみた。だが、この目次は凡庸だった。そのうちに或る雑誌に〈架空インタビュー夏目漱石〉という欄があるのを見つけた。あさはかにもそれにとびついた。私は漱石をドストエフスキーに替え、インタビュアーにロシア文学者を据えた。

まだ不満だった。ようやく思いついたのが文学史のことだった。当時私は、浪漫派、人道派、耽美派などという作家の区分に疑問があった。そこで「近代文学史の書きかえ」という欄をつくり、碩学の国文学者と老大家名を加えた。これを見た編集長は、ニヤリと笑い、うなずいた。むろんこの思いつき企画が検討されるはずもなく、実現もしなかったが、私の企画第一号だった。「文学史の問題はいずれやりたい」と、編集者は一言だけ言った。

2　時代と切り結ぶこと

編集者にとってもっとも重要なことは企画力を身につけることである、と多くの先輩たちから教えられた。編集の手引書にも同じことが書かれている。私の編集長も同断だった。しかし、少しニュアンスが違っていた。まず、問題意識を持つこと、時代と切り結ぶこと、独創性が強調された。

言いかえれば、企画を立てるための基盤をまず身につけよ、ということだった。これらのことは簡単なことではないが、その後常に頭のなかで反芻することになった。

一般に、企画は企画書を企画会議に提出し、検討を加えて決定される。企画の趣旨、主題、執筆者、それに書籍の場合は判型、組み方、頁数、読者対象、装丁イメージ（装丁者）、類書、予価、宣伝方針に至るまで、明確にされるに越したことはないが、さしあたり、主題と執筆者については具体案が要求される。雑誌の企画会議では口頭で、何を誰が書くかを、趣旨を述べて説明しなければならない。

ところで、問題意識を持つには自分の中に内発してくる問題が生じるのを待つしかないが、時代と切り結ぶには、日常的に時代の動きを察知し把握していることが肝要だろう。それぞれの時代に発生する事象の底流にふれている感触がなければ、企画は立て難いのである。

一九六〇年代、私は編集長に命じられて、政治思想の丸山真男氏、西洋史の林健太郎氏のもとへ文芸時評の原稿依頼にいった。両氏とも即座に断わるというふうでなく、若い編集者の思いをじっくりと聞いていただいた。珍奇な思いつきに似たこの企画は、結局は結実しなかったが、安保闘争後の新・旧左翼の対立が際だち、家族の崩壊が小説の主題となり、小説の評価基準が揺らぎ始めたこの時代では、外部からの文芸作品に対する批評が有効なものと思われたのである。この着想のもとで別の担当者が依頼したドイツ文学者手塚富雄氏の文芸時評が実現し、好評を博した。

七〇年代、大学闘争で知識人のありようが激しく問われる事態が出来《しゅったい》した。この時私は、作家であり大学人でもあった高橋和巳の『わが解体』を企画した。ストライキ中の京大の研究室へ窓から入ったこともあった。筆者自身が行動を起こして執筆したこの文章は、厳しく時代と切り結んでいたと思う。

3　執筆者について

出版に関する企画案は執筆者を得てはじめて企画となる。主題が先行して決まり、遅れて執筆者を考える場合は、やや隙間が生じることもある。主題と執筆者がほとんど同時に案出されたとき、よい企画が生まれる。

執筆期間があまりとれないとき、主題はお預けにして、まず執筆者から決めてかかる場合がある。大きな枠だけ決めて、主題は執筆者にゆだねる。このほうがよい原稿に仕上がる例が少なくない。しかし、可能な限り主題と同時の執筆者案にこだわるのは、編集者の自律性を尊重したいからである。ややもすると、編集者が自分で考えることをやめ、人間関係だけによりかかる習慣がついてしまうからだ。

このように主題と不即不離の執筆者をどのようにして確保するか。編集者の苦心はここから始まるといってよい。

結論を先にいうと、これはという執筆者を考えついても執筆者を獲得するための方策は何もない。真摯に企画の趣旨を執筆者に対して説明し、依頼するだけである。ただ、断られた場合、一度だけで諦めないことが肝要だ。人には考え直すという性癖があるので、締切日をかえて、繰り返し懇願してみる。

私の場合、寡作の作家に短編小説の依頼のため居宅を訪問し、三回断られたことがあった。それも玄関で短い口上を述べただけだった。しかし、四回目に、部屋に通されて、一時間近く話し合うことができ、結局、執筆を約束して貰った。

ある老大家に対談出席を乞う企画があった。それ以前は、訪問のアポイントメントをとろうとして何度電話をかけても、断られ続けていたので、そのときはいきなり訪問した。途中で傘が折れるほどの強風と豪雨に見舞われたので、ずぶ濡れとなり、老大家の家の玉砂利を敷いた玄関に滴が落ちて汚した。出席を承諾して貰ったとき、一瞬ずぶ濡れのせいかと思ったが、実は、この時は主題が老大家をとらえたのであった。

その頃、深澤七郎氏宅を訪問したときの何度目かに、「顔に原稿、原稿と書いてあるよ」と冷やかされた。氏独特の皮肉だったが、執筆者に依頼するためには何よりも集中力と忍耐力を必要とすることを思い知った。

4　対談・座談会について

対談・座談会という形式は『文藝春秋』を創刊した菊池寛が考案したといわれるが、活字メディアにとって、すこぶる有効な形式だ。編集者は、一つの主題に通暁した複数の対話者を立てることによって、主題を深化させることができる。仮に、対話や座談が主題から離れて進行していっても、編集者が司会者もしくは覆面の出席者として、対話の方向を修正することができるという利点がある。したがって、主題を前面に押し立てた「特集」では、恰好の形式といえよう。

さらに、主題が明確でない場合でも、ある特定の思想や問題意識、専門知識を有する人の場合、この形式がより効果的に働くことがある。その人のなかで未整理、未完成の仮説であっても、同質の問題意識を共有する対話者を得ることで、その人の持つ思考過程が明らかとなり、主題が鮮明に浮かび上がることがある。このようなとき、同席している編集者のスリリングな喜びはひとしおで、それは読者にも伝わることになる。

しかし、編集者となってまもないころは、この形式になかなかなじむことができなかった。書き言葉にくらべると話し言葉は、感覚的な表現がよけいに入り過ぎ、論理の構造が曖昧なまま中断されてしまうことが多く、腑に落ちないことがしばしばだった。もっとも困惑するのは話題が裏話的になり、風聞に過ぎない事柄に推論が重なり、そのまま続いてしまうようなときだった。数多くの速記原稿を整理しているうちに、順序の入れ替えや大幅な削除の技術を覚えた。そして結局、この形式の鍵は、整理者の大胆な腕力に負うところが大きいことがわかってきた。また、この形式は対話者の適性の有無が大きく左右することもわかった。

ただ、時には話芸の達人という人がいて、飛躍した語り口や省略した言い方を論理とは関係なく活かす必要もあった。

担当した対談では、一九六六年『文藝』新年号に掲載した江藤淳・吉本隆明両氏の「文学と思想」がもっとも忘れ難い。当時、表面的には両氏は対立関係にあると目されていたが、初対談にもかかわらず対話は淀みなく流れ、噛み合った。両氏とも速記ではあまり削除も加筆もされなかった。

5　中立または相対的立場

新聞・雑誌など、複数の執筆者を擁する商業的な定期刊行物には、通常、公器という性格がある。公器には、常識として不偏不党、中立の立場に立つことが暗黙のうちに要請されている。

しかし、このことが厳密に問われつづけていくとき、公器の編集にたずさわる者は、多少の揺らぎを感じざるをえないだろう。生きとし生けるものに厳正な中立がありうるか、と振りかぶった言いかたをしなくても、常に現状の革新を望んでいる編集者にとっては、どこかで偏向の露呈を意識せざるを得ないからだ。それは特定の執筆者を選んだとき、ひとつの立場を選ぶことにも通じる。

そのため、ややもすると、ひとつの主題についても執筆者選定の幅をひろげ、複数の考えかたを示すことで均衡を保とうとしがちである。

目次をつくる責任者になりたてのころは、殊にそのような均衡に留意した。しかし、自分を読者の身に置いてみると、やはり何よりもすぐれた論文や文芸作品に出会うことが先決であり、そのような文章を紡ぎ出す書き手が同じ目次に並ぶときは、偏向もやむなしと考えるようになった。それに長期的展望のなかでは、号を重ねることで、編集者の相対的な立場を貫くことは可能であり、偏向に別の意味が生じることもわかってきた。

最初に教えをうけた編集長は、戦後派といわれる作家たちの擁護者と目されていたが、戦後派批判の評論をしばしば掲載した。当初はふしぎに思ったが、それは迂遠な形での戦後派作家への刺激剤であり、激励でさえあることが、のちにわかった。ちょうど〝戦後は終った〟という言葉が出始めた時期だった。

後年、埴谷雄高氏に呼ばれてお宅へ伺うと、吉本隆明氏への論争文を手渡され、「吉本君がよく書いているのは君の雑誌だから、これを掲載してくれ」といわれた。それに吉本氏も激烈な反論を書かれた。吉本氏は反論原稿を手渡されるとき、埴谷氏の健康状態を訊かれた。さらに再反論、再々反論を両氏は執筆されたが、この論争では編集者が中立性で悩むことはなかった。

6　執筆契約について

企画を立案し執筆者を決定したら、編集者はまず執筆者に対して、原稿枚数と締切日を明示し、その承認を得なければならない。正式の契約書を手交しなくても、その段階ではじめて一応は執筆契約が完了したことになる。このとき執筆量や執筆期限を曖昧にしたまま、相互に確認することを怠った場合は、仮に契約が実行されなくても、誰に対しても責任を問うことはできない。したがって右の二点に関してははっきりした確認が肝要となる。

書籍出版に際しては、おおむね著者と出版者の間で契約書を交すことが多い。これに反して雑誌や新聞に原稿執筆を依頼する場合は、編集者は口頭で執筆者と約束を交すことが慣習になっている。ただ、通信の手段が発達した今日では、面談または電話でいったん約束した後に、郵便、ファクシミリ、電子メールなどで原稿枚数、締切日を提示する慣習がゆきわたってきている。

かつて私が編集者になりたての頃は、電話による原稿依頼は非礼とされたし、編集長は原稿の趣旨の伝達を徹底させるために、面談することを命じた。電話は面談の日時を約束するために使い、執筆者に電話がない場合は、往復葉書で面談日時の都合を伺った後に訪問して対面した。

このように面談で執筆の約束が成立しても、吉田健一、埴谷雄高両氏などは、改めて要点だけを明記した葉書を要求された。編集者にとって、二重の確認ができるのでありがたかった。殊に吉田氏は、原稿と引きかえに現金による原稿料支払いを求められ、しかも約束の原稿枚数の最後の桝目の句読点で完結するように書かれたので、その都度驚いた。売文業に徹したその態度は却って快かった。両氏とも締切日はきちんと守られた。

あるとき高名な文芸評論家が約した締切日から何日か遅れて、ついに執筆不能と電話で断られたことがあった。激怒した編集長はさっと立ち、その人の家へ飛んでいった。その気迫は、執筆契約がいかに危ういものであるかを、若い編集者に重い教訓として残した。

それでも事後であれ、断られるのはまだよかった。もっとも困るのは承諾しておいて締切日に不在となり、行方不明になってしまう人の場合である。このような時のために代替の原稿を予め用意する必要があった。

7　原稿返却、又は修正

編集者は時に応じて執筆者より預った原稿を返却することがある。預り原稿の場合は、編集者に内在する方針や水準に不適合であれば、返却することに何の問題もないが、編集者が正式に依頼した原稿を不適格と判断して、返却することもないではない。この場合は通常原稿料は支払われるが、編集者と執筆者の間にしこりが残ることもある。そのしこりを編集者が怖れて、不適格のまま原稿を掲載すれば、かえって編集者の見識が問われることとなる。

このあたりが編集者の正念場である。自他に対して厳正な立場を貫くために、編集者は当該原稿の抱える主題や表現方法を十全に解読する努力をしなければならない。少なくとも執筆者が払った努力と同等の努力を要する。このとき、もっとも慎しむべきは、編集者の思い込みだろう。柔軟な頭脳と神経を準備することが肝要である。さらにいえば、原稿の句読点に編集者の呼吸《いき》づかいを合わせるくらいの同化を必要とする。

そのうえで、原稿の修正の方向が発見されれば、即座に執筆者と談合し、修正趣旨を子細に述べて改稿を乞わなければならない。そのためにはかなりのエネルギーを要することを知るべきである。

殊に小説原稿の場合は、主題を掘り下げるための討論、構成についての示唆などによって、効果があがることが多い。とりわけ、執筆に時間が費されていないために生じた問題点は、編集者が積極的に時間的な待ちの姿勢を提示するだけで解消されることもある。定期刊行物に従事する編集者にとって、焦りは禁物なのである。

私が新人編集者のころ、三回以上書き直した、という新人作家がいた。五回書き直してもらった、という編集者もいたが、こうなると疑問を呈したくなる。書き直したことで当初の筆力が消えていはしないか、と。

若気の至りで、私も高名な作家の随筆に修正を求めたことがあった。ボツにしてくれ、といわれ、その時はすぐに前言を取り消した。

しかし、修正を求めたことで、見違えるほど改変され、互いに満足できる原稿に仕上がることもしばしばあった。

8　長丁場ということ

編集とは時間との闘いである、とよくいわれるが、編集者ならば誰でも、そのことを体のなかにしまいこんで生きている。それでもうっかり忘れていることもあって、たとえば十数年前に原稿執筆を依頼した人に久々に出会い、「そろそろ書いてみようかと思っている」などといわれて、欣喜《きんき》雀躍《じゃくやく》した覚えがある。また、ある執筆者の場合は、同じく十数年前に訪問したとき、他誌への長期にわたる連載の続行中だったが、定期的な訪問を怠らなかったために今回は連載執筆を約束して貰えた、ということもあった。つまり、これは担当者が、勤務先は変っても同じ編集の業務を続けていたことによって実現した執筆契約であった。

このように、編集業務は長い時間の堆積のうえで成り立つことがしばしばある。相互の信頼が維持されている限り、編集者は定年退職するまでの三十七、八年間にわたって、特定の執筆者と執筆契約を交す可能性を持ち続けている。そのことを考えれば、決して一時しのぎの腰掛けの気分で、編集業務に従事することなど人生の無駄というものだろう。

さらに具体的に考えてみると、たとえばぼう大で高度の辞典の編集に従事する人は、ほとんど半生をその編集業務のために費すことになる。大全集、大シリーズなども同断である。編集は生涯の仕事ともいえるのである。

諸方面のあらゆる情報が、迅速に整理され伝達されることを重視する現代では、時間との闘いといえば、速さとの闘いということになるだろう。経済効率のうえからもますます速さが求められ、追求されている。しかし、編集とは本来、速報性よりも確実性、訴求力、伝達する内容の深さや形をととのえることの方に、重点を置くべきではないだろうか。

商業出版物を市場に出荷するには、確かに時宜にかなうことが必須の要件であるが、イキのいい編集能力を発揮できる期間のことを考えると、一編集者にとって、仕事の量より質を大切に思うことのほうがはるかに有意義である。その質を保つためには、どうしても仕事に時間をかけなければならない。

十数年の歳月を経て入手した原稿が、一冊の本となって目の前に積まれ、一定の評価が読者によって下されたとき、担当者の感動は、ことばにならないだろう。長丁場の編集業務に堪えている編集者諸氏に敬意を表したいゆえんである。

9　類似、模倣について

編集者ならば誰でも、今どのような時代の潮流のなかにいるのか、感じとっているはずである。そのことは身の回りにある新聞・雑誌・出版物を閲覧することで常に確認しつづけている。そのうちに幾つかの記事に触発され、自分のなかに特定の問題意識が生まれて、企画を立案する。その場合に、問題の立て方にしろ、執筆者の選定にしろ、他の類似の企画より一歩も二歩も先にいったものにしたいと考えるのは、当然のことだろう。

しかし現実には、それを実行することがなかなか困難な場合が多い。問題を絞り込んで鋭い企画にしたり、幅をひろげて大がかりなものにするなど、編集の手法はいろいろあるだろうが、やはりどこかで他の類似企画を模倣した負い目が残ることがある。

そんなときどうするか。私の場合は、一つの考え方に立つことで克服しようとした。それは、同じ風景でも見る人によって異なるということだ。たとえば、同じ風景でも、凡庸な写真家が撮影した写真と、すぐれた写真家が撮影したそれとでは、明確な違いがあるとでもいうことになろうか。風景がただの情報にしか見えない写真家と問題意識をもってその風景を見ている写真家とでは、同じ映像でも違ってくるはずである。この場合、問題意識というのは、特定のモチーフといったほうがいいかもしれないが、要するに、近年は、さまざまな表現を情報としてしか受け容れない風潮が強くなっているように感じられ、気になってならないのである。

したがって、他と類似の構想でも、仮りにそれが模倣に見えようと、編集者として触発された問題であるならば、企画の方向をはっきりさせた上で敢然と企画実現にむけて努力すべきであろう。そういう趣旨を執筆者に対して入念に伝達しなければならない。そうでなければ、たとえば、幾編も書きつづけている作家に対して、原稿を依頼することなど、できなくなってしまう。

この執筆者に、このような作品を書いてほしいという強いモチーフがあればこそ、その都度、編集者は新しい気持で原稿依頼ができるのである。

10　文体について

編集業務には、誰からも教えてもらえず、自力で判断するしかない仕事がたくさんあるが、そのもっとも重要なもののひとつが文体に関することである。

各執筆者がそれぞれの文体で書いた原稿に接するとき、編集者は一人の人間でありながら、無数の感じかたのできる人間になることを要求される。文体は執筆者によってすべて異っているからである。文体は「体臭のようなもの」と最初に教えられたのは、鋭い批評眼で定評のある北原武夫氏によってだった。北原氏は女性誌『スタイル』の発行元、スタイル社の社長で、その会社に入社して社会人一年生になった私は、社名が文体《スタイル》からきていることをのちに思い知ったが、それほど北原氏は文体を重視されていた。

評論・小説を問わず、しばしば北原氏が文体を有する人を列挙して評価されるのを聞いても、半ばしか理解できなかったが、生原稿を読む機会が多くなるうちに、文体が自分のなかの評価軸にふれてくるのを感じるようになった。

文体は書き手の思考の秩序にほかならぬとされる北原氏の考え方は、わかり難いところもあったが、自分なりに、書き手自身の考え方や資質にそむくように書かれた文章は、結局、嘘を書くことになる、ということだろうと理解するに至った。

しかし、文体による作品の判断は、ほかの人と話し合っても、くい違うことが間々あり、結局、自分一個の尺度でしかないように思われる。ただ、たとえば、文章の性質が、時系列に沿った写実的なもの、または分析や例証を重ねてひとつの論理を導き出すようなもの、のように単純でなく、長い時間をつづめて大局的な見解を表現する場合や、現実の描写を飛躍させてある感覚や気分を表現する場合などでは、文体の有無を感じることで、文章を超えた別の力を読みとることができた。

要するに、書き手と読み手に共通の資質がある場合にだけ、文体の威力は発揮されるのかもしれないが、文体への意識を強めることで、執筆者の感じかたや考え方をより深く感受することができるように思われた。

一九六五年七月号の『文藝』で、小島信夫、庄野潤三、安岡章太郎、遠藤周作、吉行淳之介の五氏で「文学と資質」という座談会を企画したのは、各氏の資質が生み出す文体観を聞きたいからだった。

11　専門性について

編集という仕事には、これで完成とか完結したという感じを与えられることはない。どこまでいっても未完成の感じにつきまとわれる。編集者がよくたとえられる、設計図を引いて家を建てる大工さんや、食材を仕入れて料理をつくる料理人にも、その感じはつきまとうものだろうか。おそらく同じことかもしれない。

編集者がそのような感じを強く受けることの一つは、編集の主題となった領域について、自分が不勉強で知識が少なく、中途半ぱで雑ぱくな認識しか示せないからである。大工さんが建築に使う材木の強度や性質を知悉していたり、料理人が魚、野菜などの特性に通暁していたりすることにくらべて、一般的に、編集者ははるかに情ない状態にあるのではないだろうか。

それというのも、日本の編集者はほとんどが出版会社の社員であり、仕事の大半は雑務をこなすことで、ほとんど専門的な職業訓練を受けることはないからだ、といってしまえば身も蓋もない話だが（そんな環境のなかでも特定の領域を研鑽して大学教師になったり、天性の才能を発揮して詩人や作家、装丁家になった編集者も数多くいるが）、編集者が職人芸を持つような専門家になることはまずない。しかし職人的な編集者にはなれる可能性がある。

では、不得手な領域の、特定の主題を検討するときにはどうすればよいか。その答は実にあっけない、簡単なことだった。私を指導した編集長は、専門家の強力なブレーンを数人抱えていて、企画に応じて、その人たちと会合を重ね、綿密な打合せをして企画を練った。それにかける時間の長さは、原稿を依頼して回収し、活字にする時間を上回るほどのものだった。

のちに私も編集長になったとき、社会科学、海外文学に関する専門家二人に、ブレーンになっていていただいた。要するに、ある領域について自分が専門家になるより、相談相手の専門家に出会うことのほうが、はるかに重要なのである。そして、専門家を手厚く遇することも忘れてはならない。

専門家を選択する能力が編集者にはいつも問われている、といってよい。

3 児童書

松居 直

1　私の編集事始

出版という仕事に従事して丁度満五〇年になる。大学卒業の間際になって、思いもかけず出版という仕事にかかわる決意をした。その時は福音館書店という出版社はまだ存在していなかったので、私は就社ではなく文字通り就職をしたわけである。

戦前から北陸の金沢市に福音館という小売書店はあった。その店主の佐藤喜一は営業感覚に秀でた商人であったが、つねづね出版に強い関心と夢を抱いていて、出版事業を自ら手がける機会を模索し、戦後の一九五〇年に中学生の学習用のポケット版『数学公式集』を発行し、通信販売でかなりの成果をあげ、その路線を更に発展させたいと思案していた。

そうした矢先、偶然に私との出会いがあり、「君は本が好きなようだから、自分の出版の片棒をかつぐ気はないか」と誘われた。そのときの口説きを覚えている。「これから出版を始めるのだから海のものとも山のものともわからない。したがって将来は保証できない。自分は商売はわかるが編集はできないから、編集はまかせる。寝る所は用意し食事の心配もする。給料は出せないが月々の小遣は渡す」というのである。その率直さと商人としての感覚の鋭さ、私を一人前の人間として信頼してくれた気持に魅かれ、やってみようと心に決めた。一日も早く手伝ってくれというので、卒業式もまたずに金沢へいった。

編集はまかせるといわれても、出版も編集も全くズブの素人であり先輩も同僚もいない。書店の二階で、独り古い机に向かってどう手をつけたものか心細い限りであった。編集に関する手引書もなく校正記号をしるした用紙一枚が手がかりである。すでに次の企画の原稿が金沢大学の先生に依頼してあるとのことで、著者へのご挨拶からはじめ、印刷所へ顔を出して営業や現場の工員さんたちから、活字や校正についての知識を修得し、活版印刷やオフセット印刷、石版印刷の現場を見学しながら、印刷とは何かを現場感覚を通して学ぶことからはじめた。

2　基本のき

出版に従事した初期の頃、福音館小事典文庫は新刊を出す度に全国の新制中学校へ見本を郵送し、振替郵便で注文をとるという通信販売にたよった。地方のそれも全く無名の出版社の学参物など、東京や大阪の取次店が取扱うはずはない。編集の仕事よりも販売業務に忙殺される日々が続く。毎朝の最初の仕事は自転車で中央郵便局の私書箱へ振替郵便を取りにゆくこと。その注文を複写伝票に記入し、宛名を書いて倉庫へゆき、品出しと検品をして荷造する。夕方にはその郵便小包をリヤカーに積んで自転車で郵便局へ運ぶ。独りでやっていると、仕事の選択を誤ったかと落込んだりする。

この単純な作業を通して、出版という仕事における読者の存在がどういうものかが、徐々にではあるが身に沁みて感じられた。注文の口数が少ないとがっかりする。それでも受注の内容を伝票に記入していると嬉しくもなる。また荷造をしながら読者がどのように読んでくれるのかを考え、ときには祈るような気持で手だけを動かしていることもある。

リヤカーに荷を積みあげて坂道を登るときなど、かえってはげまされる思いがする。そして読者つまりお客様あっての編集者なのだと薄々感じはじめた。

旧版の大日本人名辞典などによると、初代の松居久次郎が商売を始めたのが一六六七年とある近江商人の家系に育った私は、〝商売は正直、勤勉、倹約です〟という、母親の口ぐせを耳にタコができるほど聞かされた。〝商売は信用です。働けばお金は入ります。無駄遣いをしなければお金は残ります〟というわけである。〝十円のお代金をいただくなら、それ以上の価のものを差しあげないとバチがあたります〟とも聞かされた。

出版といえどもお客様あっての商売、編集者もお客様の読者を大切にすることを忘れてはならないのだ。福音館の店先で店番をし、レジを打ち、ときに大阪の取次へ集金とご用聞きにもいった。編集とともに販売やそれに伴う業務を体験したことは、貴重な経験であったと思う。読者のことを常に考える習慣は、こうした経験を通して身についたように思う。

3　買い手と読み手

学参物の出版では、後発の小出版社が生残れる可能性に限界を感じ、童話と家庭教育の月刊誌『母の友』を創刊した。もちろん月刊誌編集もまったく未経験の分野で暗中模索を絵にかいたようなもの、振返ると冷汗がでる思いだ。しかし『母の友』の「子どもに聞かせる一日一話」の幼児向き童話の編集をとおして、児童文学への手掛りをえた。そして日本の児童文学作品と子どもの読者との間に、乖離があることを痛感した。特に幼年期の子どもを対象とした創作ほど、その溝は深い。端的にいって〝面白くない〟のである。

その問題に明快な答えを与えてくれたのは、一九五三年一二月に刊行がはじまった「岩波の子どもの本」シリーズであった。初めて手にしたこれらの絵本は私には戸惑いがあったが、子どもに読んでやったときの手応えは想像をこえるものであった。そして自分の幼少期の物語体験や青年期の児童文学への興味が呼び醒まされ、自分の中に残りつづけ生きつづけている物語の面白さの質に気づかされるとともに、子どもの本の読者は子ども自身であることを決定的に認識させられた。

戦後わが国では、児童書や絵雑誌の出版が活発におこなわれてきた。特に学校図書館が普及し、魅力的な市場が拡がったことにより、皮肉なことに大人の購買者が好む児童書企画が優先される傾向が強まった。児童書出版の複雑さは、買い手と読み手が異なるという読者の二重構造にある。「岩波の子どもの本」は読み手である子どもに焦点をあてた企画であった。この路線はこれからの児童書出版の新たな可能性を示唆している。

編集者としては究極の読者である子どもの興味、夢、楽しみ、憧れをしっかりと見据え、〝面白さ〟の質を深めること、様々なジャンルの中にある〝面白さ〟を掘り起こすことが第一義的な目標であると気づいた。「役に立つ為になるだけの本」でなく、子どもが我を忘れて夢中になり心を躍らせ、しかも自分の今に気づける本格的な〝面白さ〟を探求し、創りだすことこそが編集者の使命であると思い定めた。

4　子供の本と声の文化

幼少年期に感じた眞の歓びや楽しさは深く心に残るものである。それは成人した後の生きる力につながる。大人はかつて自分が子どもであったことをすっかり忘れているが、子どもを考えるときに大切なことは、自分の中にいまもいる子どもに光をあててみることである。子どもの本の編集に足を踏み入れたとき、私の幼年期の絵本体験と少年期にそのおもしろさに魅せられたファンタジーの世界とが貴重な手掛りとなった。

「絵本は子どもに読ませる本ではなく、大人が子どもに読んでやる本である」という私の編集方針は、わが子に絵本を読んでやった体験と、幼稚園児のころに母が読んでくれた絵雑誌『コドモノクニ』の忘れえぬ絵本体験による。

『コドモノクニ』には一九二〇年代の童謡の黄金時代を代表するモダニズムの詩人、北原白秋と西条八十と野口雨情らの新作の童謡が毎号掲載されていた。私は北原白秋が好きで繰返し同じ詩を母に読ませていた。

モダニズムの詩人でありながら、白秋と八十の言葉の世界は、耳で聴いていて歴然と違い、イメージも異なる。常に二人の詩を耳にしていると、詩人の言葉は音楽と同じで聴きわけられるようになる。

こうした体験から、幼児や小学校低学年を対象とした作品は、必ず耳で聴くときのことを考慮した文体や構成、一語一語の選び方と組み合わせ方に慎重な目配りが必要なことに思い至った。要は〝耳で聴いて眼に見えるように書くこと〟である。空想的な物語ほど論理の破綻のない緻密な表現が求められる。そこに編集者の眼が必要なのである。

読者である子ども、それも年齢と育ちにより多様極まりない子どもの想像力や好奇心や感性を勘案して、編集者は子どもの眼と大人の眼で原稿を読むことが求められる。リリアン・スミスは名著『児童文学論』（岩波書店）のなかで「子供の心は客観的である」と述べている。たしかに子どもは書かれている通りに読み取る恐い読み手である。大人には読みこみ読み補う親切な読者が少なくない。

5　ほんまもん

どこからも模倣だといわれない絵本の企画をと考え詰めた結果、月刊でペーパーバックの幼児向け物語絵本の刊行をおもいたった。

一九五六年四月に月刊物語絵本「こどものとも」の創刊号『ビップとちょうちょう』を與田準一作・堀文子画で編集した。マルセル・マルソーのパントマイムの舞台にヒントをえた創作物語に、日本画のモダニズムの新しい美しさを活かした挿絵を組合わせ、はじめて絵本を編集した。

実は私には、幼稚園児のころの新鮮な絵本体験が心に残っていた。前回にもふれた絵雑誌『コドモノクニ』、特に毎号掲載される画家たちの独創的な挿絵の楽しさは今も忘れがたい。アール・ヌーヴォーやアール・デコの影響を強く受けたモダンな表現に、ときとして浮世絵の美意識をもとりいれた斬新な様式の挿絵であった。代表的な画家が竹久夢二・武井武雄・岡本帰一・清水良雄・初山滋、そして村山知義や東山新吉（魁夷）なども登場した。この人々がわが国における「童画」のジャンルの創始者である。

編集者として私は、これらの画家たちの仕事をこえる更に芸術性にとんだ本格的なイラストレーションの絵本を、なんとしても子どもに見せたいと願った。それは十歳前ごろから毎年父親のお伴をしていった、帝展などの展覧会で眼にした絵画の美的体験によっている。いつみても美しいと感じいった上村松園《しょうえん》。私の美しさの基準はこの松園さんである。そして竹内栖鳳《せいほう》には〝ほんまもん〟を感じた。

〝ほんま〟は本当、〝もん〟はものなのだが、関西弁の〝ほんまもん〟という語感は、傑作中の傑作といった説明的な感じではなく、本ものの中でなおかつ第六感にピンとくる正真正銘の本もの、心に残り力を与えてくれる生きた作品とでもいうべきもので、その語感にはふしぎと生活感覚がある。子どもが日々眼にする絵本の挿絵にこそ、この〝ほんまもん〟が欲しいと願った。本来幼児はそれをピンと感じる生活感をもっているのだが、最近はそれが失われている。

6　絵本開眼第二幕

『こどものとも』の編集の過程で、思い切った企画の変更を行ったことがあった。創刊以来のＢ５判タテ型の判型を、発行四年目の半ばにヨコ長の判型に変更し、本文を横書きにした。当時ヨコ長で横書きの絵本は皆無であった。

まず書店と図書館から、〝こんなヨコ長の絵本は本棚に並べにくい〟という苦情がきた。私はひそかに〝本があって本棚があるので、本棚を変えてほしいものだ。本棚にあわせて本を作るのは、本末転倒でしょう〟とつぶやいた。つぎに先生方からお叱りを受けた。〝国語教科書が縦書きなのに、絵本を横書きにするとは何ごとか〟とのこと。思わず私は〝教科書だって算数や理科は横書きです〟とうそぶいた。先入観にとらわれていては、創造的な仕事はできない。現在では絵本の本文横書きは普通で、誰も疑わない。

ヨコ長の判型を採用したのには理由がある。『こどものとも』を編集していて感じたのは、挿絵は画面の連続性と変化のダイナミックな組合わせによって、絵本の本質である絵が物語を語るという魅力が発揮されるはずなのに、どうもその効果がうまくでないことだった。特にアメリカの絵本の挿絵が物語る抜群の表現力にはかなわない。なぜなのだろうか……。

ようやく『こどものとも』が四年目に入って、読者層の形成に目途がつき、その潜在的な求めを感じて、アメリカの絵本の原書のままの翻訳出版に踏み切った。そしてこの翻訳出版をとおしてわかったことは、英語を日本語に置換えるだけの作業ではないということである。原書の絵本を一度解体し、原画と原稿に戻して一場面ごとに割付けし直した上で、改めて物語の流れをしっかり汲みとりながら、扉・見返し・表紙・裏表紙・背表紙の効果を考えて絵本を構成する。つまり日本語版を再編集するのである。その過程でおのずから原作者や原書編集者の手法や意図を察知することができた。絵本を読んでいただけでは気づくことのなかった、絵本づくりのコツや舞台裏がみえてきたのである。

7　エディターシップをする

一九五六年に国際児童図書評議会（ＩＢＢＹ）が国際アンデルセン賞（作家賞）を設定し、子どもの本の国際交流が本格化した。そのニュースを耳にして、日本の絵本がいつか国際的な桧舞台にでられる日の来ることを夢みた。

一九六一年春、東京でスイス図書展があり、当時スイス出版協会会長であったヒューリマン博士と夫人が来日された。ベッティーナ夫人は著名な絵本研究家で編集者であり、ＩＢＢＹの有力メンバーであることは承知していたが、私に会いたいとの連絡があった。実は夫人は東京に着いてすぐに書店をたずね、日本の絵本をさがされて、たまたま岸田衿子文・中谷千代子画『ジオジオのかんむり』を見つけ、この絵本の編集者に会いたいと、旧知の石井桃子氏に電話されたのである。まさかという思いで私は、幾冊かの「こどものとも」を持参して、旧帝国ホテルにうかがった。

夫人は一冊一冊丁寧に眼をとおし、この絵本シリーズの仕事は国際的にみて高い水準にあり、しかも日本らしい特色を示していると思うと語られ、強くはげましてくださった。この出会いについては、夫人の評論集『子どもの本の世界』と自伝『七つの屋根の下で』で触れられている。視野の広い絵本研究と長年の編集経験にもとづいた専門家の評価は、何にもまして心強い支援であった。

翌一九六二年と六三年にフランクフルト国際図書展に参加し、ヒューリマン夫人をとおしてヨーロッパの専門家や編集者をするとともに、子どもの本の国際交流と「こどものとも」の外国での出版の版権交渉に展望をひらくことができた。

この旅でヨーロッパとアメリカの図書館を見学し、また一流の編集者の仕事場をたずね、絵本編集や製版・印刷について、貴重な情報や教示を直にうることができた。そしてエディターの存在意義とその役割のおおきさについて深く考えさせられ、エディターと編集部員の違いを思いしらされたのである。

8　大切なクラフツマンシップ

編集者にはエディターシップと共に、クラフツマンシップが必要であることを痛感させられた経験がある。その一つは製本に関してである。

一九六二年にニューヨークのプレンティスホール社との契約が整い、「こどものとも」の『だいくとおにろく』『かばくん』の英語訳の出版が決まり、製作は日本ですることになった。先方はアメリカの輸入関税の関係で半製品で輸入したいとのこと。つまり当方で本文の印刷と製本の綴じまで、それに表紙とカバーの印刷までを仕上げて輸出するのである。

アメリカの絵本には書店やブッククラブなどで販売される市販本と、図書館に納入される図書館版とでは製本仕様に違いのあるのは承知していたが、当時のアメリカの厳格な様式の製本がわが国で実際にできるかには不安があった。果たして先方から送られてきた特に図書館版の見本を分解し、用紙と印刷はともかくその製本について細かく調べてみると、わが国では絵本にこれほど丈夫な材料を用い、手のこんだ仕様の製本はしていないことが判明した。それは平綴じミシンがけで、ミシン糸は凧糸のように太く、見返しの付け方もキャラコを一緒に綴じ込む平綴じである。

当時の製本業界でこの綴じのできるミシンは使われていなかった。まずミシン探しである。テントの縫製工場を見学してシンガーミシンが使用されていることを確かめ、それを製本所に購入してもらい、何とか図書館版らしい仕様で綴じた見本をアメリカへ送った。返事はキャラコと綴じ糸の品質が不合格とのこと。そこで日本橋の問屋へゆき、丈夫な糸と帆布を手に入れ、それで見本を作って送ったところ、ようやく合格となった。

量産のためにミシンを改良するやら、綴じの背の部分を工夫して開きよくするやらして、ようやく輸出に漕ぎつけた。この経験と技術を活用した結果、福音館書店の絵本は頑丈で壊れにくいという定評を書店・読者・図書館からいただいた。

9　読者の顔

編集者にとって、著者との出会いや交流が大切なことはいうまでもない。編集者は著者に育てられるのであるが、とりわけ貴重な経験はそのときにする耳学問である。「聴くこと」の力こそ、編集という仕事の要諦だと思う。

著書を読むときと違って、著者の口にされる言葉には本音が感じられることも多い。著書が表舞台とすると、雑談からは舞台裏のとって置きの考えや発想や気持が感じとれ、またとない耳学問の機会に恵まれる。

編集者は地獄耳で聴き上手が求められる。電話やパソコンでは駄目で、絶対に会うこと、顔を合わせることである。顔をみればいろいろと言葉にならぬことも察しがつく。

会うことが大切な人がほかにもいる。それが読者である。海外の絵本の翻訳出版を手がけたとき、一冊々々版型やサイズ、それに頁数も違い、挿絵も白黒から特色で二色刷りや三色刷りのものも出版した。どうしてこうも不統一な絵本の出版をするのか、という苦情をたびいただいた。

絵本は子どもが手にしたとき、物語と挿絵にいちばんふさわしい版型が、子どもがイメージをつくる鍵となる。わが国では絵本はシリーズ物で企画されてきたので、読者の戸惑はもっともであるが、この理想はどうしても貫抜きたいと考えた。読者をどう説得したものか……。

幸い「絵本とは何か」という編集者の意見を、母親や保育者が聞くことが必要だと、説得の場を設けてくださる幼稚園や保育所があり、読者に直接会う機会が出来た。こうして話していると、納得されたり、疑問を出されたり、ときに新しい要望も出てくる。理解の度合いも聴き手の表情や雰囲気で感じる。読者は実に千差万別である。作り手と受け手の溝をどう埋めるか、仕事と言葉でどう説得すればよいのかを、日々懸命に考えつづけた。あらゆる機会に読者に会う努力をしたおかげで、北は北海道の稚内から南は沖縄の石垣島までの全都道府県の読者の顔がみえるようになってきた。そして常に読者を思いつづけた。

10　編集者の仕事

絵本は総合芸術であるといわれる。それは特に十九世紀末期から二十世紀初期に、イギリス、フランス、ドイツ、そしてロシアで出版された画期的な〝美しい〟絵本について語られる。事実、イギリスの木口《こぐち》木版とドイツの大理石版を使って印刷された絵本の美しさは、眼を見はるばかりである。原物を眼にすることは容易ではなく、かろうじて複製本を見ることはできるが、現在の印刷技術をもってしても、当時の手仕事の究極の美しさを再現することは不可能である。

総合芸術としての絵本を考えるには、文と挿絵、挿絵と製版、製版と印刷、印刷と用紙、そして製本様式という、絵本にかかわるすべての要素を考慮した視点で評価し判断することが必要である。絵本はこのように多面的な要素を総合して編集し、創造される、「本」という造形なのである。

絵本と印刷技術とは運命共同体のようなものである。しかし現在は原画の製作と製版と印刷とは個々ばらばらな作業で、芸術的な意志の統一はみられない。絵本編集者の役割はそこにあり、改めて印刷に関する理解と認識が求められる。

絵本と読者との関係も常に意識し、整理しておかねば企画力は生まれない。読者は子どもに違いないのだが、実はもう一人、読み手の大人がかかわっている。親が子どもに読む場合は一対一であるが、保育者や図書館員が幼児の集団の中で読む場合は、一対多の関係になる。この二つは子どもの絵本体験にとってともに貴重な体験で、その両方の重なりによって、子どもの言葉の体験や物語体験が深められ、またイメージが拡がりをもつ。

さらに絵本の読者としての子どもは成長の段階に応じて、興味の持ち方や受けとめ方も異なるので、対象とする年齢の子どもの受容の仕方と絵本表現とを、どう効果的につなぐかは大きな課題となる。本に対する興味と読書力の基礎は、絵本年齢の時期に養われる。生命力のある美しい絵本づくりこそ編集者の仕事である。

11　未来への展望

現在の幼児や小学生が働き盛りの大人になるのは、紀元二〇五〇年代から六〇年代である。現在の少子化と高齢化がつづくとして推計された数字によると、二〇五〇年には総人口は一億五九万三千人となり、十四歳以下が一〇・八％の一〇八四万二千人で二〇〇〇年のほぼ半分となる。働き手の十五歳から六十四歳の生産年齢人口は、五三・六％で五三八八万九千人に落込む。そして六十五歳以上の高齢者は三五・七％の三五八六万三千人となる。因みに二〇五〇年の平均寿命は男性が八〇・九五歳、女性はなんと八九・二二歳になるという。

今後、少子化に国をあげて肌理《きめ》の細かい対策を講じたとしても、劇的な変化は起きないだろう。更なる少子化が進むこともありうる。今の子どもたちは将来このような高齢化と生産年齢人口の減少した社会に生きることとなる。農業人口が激減して農業生産力が著しく低下し、労働人口の減少は工業生産性の衰退を招く。ハイテクやロボットでどこまでカバーできるのか。道路や鉄道そしてビルの建設や保全、都市の衛生やゴミの収集などの現場仕事に誰が従事するのか。現在すでにヨーロッパの先進諸国がかかえている移民や移住者の問題に、子どもたちの世代は直面する。異人種、異言語、異文化をどう受けとめ、いかに共存共生するかの感性や知性を今から子どもたちの育ちの中で養い、将来に向けて日本社会に適合した見せかけでない多文化主義の備えをすることは、編集者の重大な課題である。

子どもの本の企画や編集をする者は、こうした未来の社会をしっかりと展望に入れ、今子どもに何を語り伝えるかを熟慮しなければならない。もちろん今の子どもたちに言葉の力と本の歓びを伝え、子どもの生きる力を養い育てることは第一義である。言葉を教え込むことよりも、言葉で深く感じ、言葉が生きて働くことを声の文化と文字の文化を通して体験することが大切である。そんな生命の言葉の泉のような本を、今こそ出版したいものだ。

4　人文学芸書

鷲尾賢也

1　編集は企画発想だ

編集者に特別の資格はなにも必要ない。専門もない。ただひとつ企画を発想する力があればいい。書籍でも、雑誌でも、ともかく編集者は企画からスタートせざるを得ない。例えば新聞を見る。ブッシュの演説の要旨がのっていたとする。大統領はどんな英語を使っているのだろうか。おそらく言い回しなど、スピーチの内容を練る専門家（ライター）がいるだろう。歴史に残る歴代大統領の名演説もあるだろう。とするならば『大統領の英語』というハウツー書ができないだろうか。

企画発想というのはこのような何でもないところから生れる。新聞、本、雑誌はいうまでもない。映画を見ていても、食事をしていても、あるいは車内の会話を耳にしても、すべて企画発想のネタになる。つまり「無から有を生み出す」のが企画発想なのである。

日頃から好奇心を持っていなくてはならない。現代思想も、大リーグにも、あるいはイラクについても関心がなくてはならない。どれが企画として成立するかわからないからだ。偏差値の高い人間はどちらかというと、問題を解く能力に秀でている。編集者は問題を解けなくてもよい。問題を発見したり、作ったりするセンスの方が重要だ。あるいは問題を解かなくても、どこに問題があるか、気づくタイプが編集者なのである。

思いつきはかならずメモしておこう。そういうノートはかならずいつか、どこかで役に立つ。ちょっとしたことが、あとで金の卵を産むことがあるからだ。時代が変わると、以前、箸にも棒にもかからなかったアイディアが息を吹き返すことも少なくない。

企画発想は頭の体操のようなところがある。訓練をおこたると、急にはなかなか出てこないものだ。夢すら描けない人は編集者には向いていない。実現は先のはなしだと思ってもいい。ともかく、たくさん「妄想」することが必要である。その中からかならず素晴らしいプランが出てくるはずである。机上プランをバカにしてはいけない。妄想が実現すれば立派な企画なのである。

2　編集は足だ

編集者の机の上に、パソコンが置かれるようになってから、それほど多くの時間はたっていない。しかし、いまやパソコンは出版社の玉座の位置を占めている。パソコン（FAX、メールも同じだ）のせいで編集者は無精になったのではないか。調べ物はほとんどインターネットなどで検索されている。たしかに便利極まりない。しかし、編集の仕事が机の上だけで処理されるようになることは、予想以上に危険なことである。

誰でも知っていることだが、データーベースは過去の集積でしかない。未知の情報はそこに何ひとつ載っていない。ある著者がいま、何を考え、これから何を書きたいかということは、いくらパソコンをたたいても出てこない。当たり前のはなしである。

編集という仕事はつねに可能性との勝負なのである。過去は関係ない。そのためには机を離れなければならない。足を動かす労を惜しんではならない。直接、相手に会い、相手の顔を見、じかに話すことによって、パソコンでは得られない固有の未知を獲得できるのである。しかも、足を運ぶことによって、目的以外のアイディアや情報などの副産物を得ることも少なくない。

研究仲間を紹介してもらったり、あるいはホットな学界情報をナマにきけるのも、実際に相手と対面しているからだ。

いまの出版では、一度も会わないで本を作ったといったあきれるはなしさえある。これでは血の通った本が出来るわけがないだろう。

時と場合にもよるが、一般的に連絡はメールより電話の方がいいだろう。電話より手紙の方がよい。手紙より会った方がさらによい。つまり、その方が具体的になるからだ。編集者にはなんの資格もないと以前にいったが、もしかしたらフットワークは必須の条件かもしれない。気楽に他人に会えないと、編集者はやっていけないだろう。

机の上には現場はない。社を離れ、街の空気を吸い、人に会うことで、編集の仕事ははじまるのである。

3　編集は我慢だ

企画を考えているときは自分ひとりの世界だが、実際に仕事がスタートすると、編集者はあらゆる場面で頭を下げる立場になる。原稿執筆をお願いする。装丁をデザイナーに依頼する。印刷所に原稿を組んでもらう。校正をしてもらう。書店さんに売ってもらう。宣伝やＰＲをしてもらう。すべて外部の力を借りなければできない。

執筆最中の著者から家庭内の悩みを訴えられることだってある。原稿を書くことと関係ないと、突っ放すわけにはいかないだろう。なぜそんなことに時間を割かなければいけないのかという疑問も生れる。しかし、そういう付き合いがまっとうできなければ、編集という作業はうまくいかないのだ。

わがままな著者もいる。無理難題の要求がないわけではない。それにむかっ腹をたてても仕方がない。どのようにうまく裁くか。そんなことを学校では教えてはくれない。デザイナーの指定する紙が費用の面でむずかしいということなどもある。なんとかもう少し安いものにできないかと頭を下げる。時間が足りない。印刷所にいつもより急いでほしい。そんなとき命令口調ではスムースにいかない。お世辞のひとつやふたついって、なんとか時間を詰めてもらう。これだって編集者の手腕である。

読者からクレームだってくる。理不尽な電話もよくある。その場合、対等に議論してもはじまらない。相手の話をきいてあげる。それも編集者のつとめである。

要するに編集者は頭を下げたり、ひとの話をきくことによって、スムースに仕事が流れるようにする職業なのだ。

だから我慢ができなくてはならない。方程式の回答のように、正しい間違いという二分法の世界ではない。よい本ができるなら、編集者が頭のひとつやふたつ下げることぐらいなんでもない。ともかくいい本ができればよいのである。そのために編集者がいるのである。つまり編集者は調整役でもあるのだ。

我慢しながら、頭を下げながら、仕事のプロセスにかならず生れる毛羽立ちをとる商売なのだ。頭が高くては何もできない。

4　編集はギャンブルだ

三年ほど週刊誌を体験したが、あとはずっと書籍を編集してきた。長いことやっているので、原稿を期日まで書いてもらうとか、本を制作することにはそれなりに習熟してきたが、いつまでたっても自分の本が書店で実際に売れるか、売れないかの判断に自信がもてない。

出来がいいと思ったものが、店頭でさっぱりだったり、中身はちょっといただけない本が突如ベストセラーになったり、本当に予想がつかないのだ。まるで宝クジのようなものだ。

ふつうの商品であればマーケットリサーチが行われる。このような欲望がある、あるいはしかじかの需要がある、こんな点で便利だという事前の調査にもとづいて発売される。それでも、なかなか思い通りにはいかない。まして本の場合、事前調査など想像してもいない。小部数ということでコストをかけられないこともあるだろう。しかし、それだけの理由ではあるまい。

本は電気製品といった実用的な商品とちがう。存在しなくても実際は何の不便もないからだ。本というかたちによって、読者の眠っていた欲望が初めてむくむくと目覚める、そういった性格のものだ。

その眠っていた欲望が刺激されなければ、本はその人にとって何の意味ももたないことになる。たんなる紙の集積にしかすぎない。まったく興味のない高価な本をもらってしまったが、ただ重いだけで困ったなどという経験の人も多いことだろう。

編集はギャンブルであるというのはそういう背景がある。読んで見なければ、本人にとってかけがえのないものなのか、石ころと同じのとるにたらないものなのか、判断ができないのだ。

イチローのようにコンスタントに出塁したい。重版を重ねたい。そう思いながら、低打率にあえぐ編集者がいかに多いか。一方で、打席に立たなければ、ヒットもホームランも生まれない。つまり本は作りつづけなければならないのだ。一度でいいからミリオンセラーを作ってみたい。私も夢みたが、かなわなかった。

5　編集は人間関係だ

企画発想する以外、編集者の実務にはどんなことがあるだろうか。原稿整理、小見出し、目次の作成といった制作上の仕事はたしかにある。しかし、本のできるプロセスではそれほど大きな比重をもっていない。

原稿が本という形になるまでの流れを、ひとりの責任者として、編集者はずっと眺め、逸れそうになったら修正する役割を担っている。おそらくそれが最大のつとめだろう。いいかえれば、編集は、「ほとんどすべて他人の手を借りて、はじめて出来る」仕事ということだ。そこに編集者が人間関係を大事にしなければならない理由がある。もしかしたらそれだけなのかもしれない。

人間とは不思議なものだ。顔見知りだったり、話したことが一度でもあると、どこか情が移る。頼まれるといやとはいいにくい。あるいはどこかで親切にされたら、お返しをするのは当然という気持ちになる。

例えば、ある著者について調べようとする。図書館で著書を読む。あるいはインターネットで検索する。方法はいろいろあるだろう。でもいちばん早く、かつ正確なのは、その著者について、担当編集者に直接聞いてしまうことだ。

しかも、いまその著者がどんなことに関心があり、時間的に余裕があるのか、ないのか、そのようなことも瞬時に分ることだろう。もしかしたらその著者の性格やくせなども教えてくれるかもしれない。図書館や、インターネットでは得られない情報をそこで入手できる。

担当編集者を知っているか、いないかでどれほど差がつくのか。いまのことひとつとっても理解できるだろう。タテにヨコにもっている人間関係が、どれほど編集という作業に寄与するかはかりしれない。

忘れてはいけないことは、こちらが一方的に頼むだけではいけないことだ。ギブアンドテイクというべきか、相手から頼まれたら、こちらも誠心誠意相手の求めに応じることである。そのような信頼感が人間関係を形成する。ひとりの人間を中心にそういう関係がいく重にもあることも、名編集者の条件かもしれない。

6　編集はタイトルだ

書店店頭は編集者の戦いの現場である。いま何がいちばん前に並んでいるか、どのような本に読者の手が伸びているか。日々さまざまな書籍が積まれたり、あっという間に消えていったりする様子は、編集者のいちばん勉強になる場所である。

いくら中身がすぐれていても、読者が読んでくれなければ何の意味もない。当然である。読まれてはじめて本の価値が現前するのである。どうにかして自分の手がけた本を手にとってもらいたい。編集者の願いだ。タイトル（書名）の役割が大きいのはいわずもがなであろう。そしてますますその比重が大きくなっている。

といってただ目さえ惹けばいいというわけでもない。奇抜なタイトルをつければ手にとってくれるわけでもない。読者はそんな愚かではないからだ。中身を体現していて、しかも何となく気になる。あるいは読んで見たくなる。魅力を秘めている。そういう書名を編集者は何十通りも考えるのである。

ちょっとした工夫によって売れ行きはかなりちがう。いま話題の『バカの壁』などは端的な実例であろう。あれは語りおろしの新書だが、あのタイトルが刺激的だった。しかし、単行本ではなかなかつけられない。つまり、版型や目指している読者によっても、書名の方向は異なるのだ。

名著はそれぞれ書名もいい。『文明の生態史観』『現代政治の思想と行動』『タテ社会の人間関係』『菊と刀』『零の発見』。記憶に残るインパクトのある書名だろう。

例えば、語順を変えてみる。対句をつくってみる。そういうことも必要だ。『金持ち父さん貧乏父さん』『他人をほめる人、けなす人』など、対句は近年の流行であった。あるいは名詞止めをやめてみる。その工夫には無限のエネルギーが必要だ。ときには販売、宣伝関係者も交えたブレーン・ストーミングがあってもいい。ある出版社はピッタリしたタイトルがつくまで発売を延期するそうである。そのくらい書名のもつ力を大事にしているのだ。

ただあまりあざといものや、奇抜だけのタイトルは狙いが外れた時、無残である。かえって読者を逃すことも少なくない。その按配がむずかしい。タイトルはたのしみでもあるし、苦しみでもある。

7　編集は志だ

「志」などということばはもう古いのかもしれない。しかし、私はあえて使いたい。編集という仕事をなぜ選んだのかの根幹に関わるからである。おそらく多くの編集者は書籍・雑誌を通し、すこしでも社会に貢献（ピタリとしない言葉だ。むしろ役に立ちたいといった方がよいかもしれない）したいと考えて、この職業を選んだのではないか。私もそうである。ただおもしろいからだとか、性格にあっているというだけではない。

もちろん出版社も一営利企業である。文化事業ではない。利益を生まなければ倒産してしまう。社員の生活もある。持続しなくてはいけない。といって利益だけを目的にしている出版社はいずれ崩壊する。そのバランスのなかに編集者もいる。そのことは忘れてはならない。

その上で、編集者は「志」が大事だ。自分の仕事が社会とどのような接点をもつか、また活字をとおして何ができるか、ものがいえるかをつねに意識していたい。今すぐは出来なくても、いずれはといった夢を描けない編集者はさみしい。

私自身、講談社というどちらかといえば大衆的な出版社に入ってしまった。そのなかで、いつか人文学芸書を作りたいという妄想（？）をずっと抱いていた。自分のノートにプランをメモし、作っては壊し、壊しては作っていた。そのような持続力がないと、やっていけない仕事が編集なのである。

いうまでもなく人によって、「志」の中身はみなちがう。貴重な資料を発掘し、刊行することに一所懸命な編集者もいるだろう。若い研究者の生硬だが、意欲的な論文集へ助力を惜しまない友人もいる。政治や企業の腐敗・堕落に目を光らせる編集者もいる。いずれにしろ自分のなかで、これはやらねばならない、やりたいという一本の筋を持っていてほしい。

しかし、なかには人前で「志」を大声で、かつ、とうとうと語る有名編集者もいる。これは恥ずかしい行為だと私は思っている。

「志」とは実行して、初めて見えてくるものである。作られた本によってしか「志」は価値をもたない。百万言よりも一冊の本が雄弁に「志」を語る、と思う。

8　編集は真似だ

いささか物議を醸すいい方かもしれない。真似などというのはとんでもない。企画はオリジナルでなければならないと信じている人も多いだろう。しかし、超ベストセラーの野口由紀雄『超整理法』と加藤秀俊『整理学』、臼井吉見編集で、危機にあった筑摩書房を救った『現代日本文学全集』と円本で有名な改造社版『現代日本文学全集』、菊池寛賞を受賞した講談社版『昭和万葉集』と戦前の『新万葉集』といった企画のいくつかを比較しただけで、類似関係は歴然としている。

人間の考えることである。まったくのオリジナルなどということはほとんどない。先の例のように、企画のヒントは歴史のなかに転がっているというべきだ。積極的に歴史を学習することを、おすすめする理由だ。時代が変わる。読者が変わる。執筆者が変わる。もちろん研究レベルも向上する。すると同じ企画がちがったものになる。

鶴見俊輔がどこかで、時代は十年ぐらいで一巡するといっていた。つまり、もう一度同じ問題がレベルを変えて復活するというのである。だから編集者は長い目で社会をにらんでいれば、おのずと企画が浮かんでくるといっても過言ではない。

邪馬台国論争、日本人論といったブームは何度か大きな波となって押し寄せた。そのようなうねりをタイミングよく掴まえることも、編集者の大事な手腕である。また英会話、知的ハウ・ツーといったベイシックなテーマを意識しているのも、ひとつの才能である。

目の前のものを真似しろといっているのではない。それはすこぶる恥ずかしい。こんな例もある。ベストセラーを書いた著者に向かって、ある編集者が同じようなものを書いてくださいといったという。なさけないかぎりだ。一片の誇りすら感じられないではないか。

私の「真似」はそういうことではない。つまり。先人の仕事のなかにこそ企画の原石がつまっている。そのことを認識すべきだといっているのだ。出版史をひもとくことによって無尽蔵のアイディアを得ることができる。

過去はまさに現在に生きている。アイディアを変形し、ねじり、新しい著者を据えることにより、真新しい企画が誕生するのである。まさに歴史を真似することである。

9　編集は勉強だ

編集者は勉強を怠ってはならない。こんな風にいうと、いわゆる受験勉強的な姿を思い浮かべるかもしれない。しかし、編集者の「勉強」はそれとまったくちがう。

編集にとって必要なことは、ありとあらゆることに敏感なアンテナを張ることではないか。映画をみても、飲み屋でのはなしでも、あるいは街頭の学生の会話も、それぞれ勉強になるのである。編集者にはきちんとした教科書などあるわけがない。

方程式のようなまずこうすればこうなるという解法がない。自分の勉強が、いつ、どこで役立つかはまったく分らない。それが編集の現場なのである。しかし、火事場のように、いざというとき力がだせなくてはならない。

どうすればよいか。正直いって正解はない。ただ、もしかしたらという漠然とした予想の下で、自分なりの蓄積をする以外ないのである。

専門分野でもないのに、入社以来『エコノミスト』誌を購読し、毎週読んでいる編集者がいる。毎月、ノルマとして本をともかく十冊読了することに決めている友人もいる。また、『ニューヨーク・タイムス』紙とか『ロンドン・タイムス』紙の読書特集を、辞書を引き引き読んでいるベテランもいる。

古代史の新刊を必ず購入する知人もいる。すべて読んでいるわけではない。買っておけば、何かの時に参考になると思っているのだろう。ある作家のものは全部買うという勉強の方法もあるだろう。

大事なことはそういうことは持続しなければ意味がないということだ。十年続けてみると、かなりの財産が自分のなかに蓄積されていることが見えてくる。それは必ず自信に繋がるものである。

友達と二ケ月に一度のペースで読書会を開いているという仲間もいる。酒を呑むのが目的だと笑っているが、成果はいろいろなところに染み出ていることだろう。

勉強というとなにか堅苦しいように思うが、要するに自分に栄養を持続的に補給するというはなしなのである。そういうロングレンジの発想がないと、編集者はやっていけない。

10　編集は手紙だ

近年はパソコンから始まり、ＦＡＸ、メール、携帯電話といった新しい機器が編集現場で我が物顔に闊歩している。先にもいったが、一度も著者の顔を見ずに、本を作ったなどというはなしが珍しくない。

それで大丈夫なのか、私のような旧世代は不安になる。もちろんパソコンも、携帯電話も人並みに使用するが、大事なのは、パソコンやメールではなくて、まず一通の手紙が書けるかどうかではないだろうか。私はそう信じている。

著者との交渉はまず手紙で始まる。きちんとした（うまくなくてもいい）字で、自己紹介し、さらにお願いしたい企画の意図や狙い、それらを過不足なく説明した手紙が、すべての仕事のスタートになる。

文章に表現できることは、編集者自身に企画の全体像がしっかり把握できていることでもあるだろう。また著者にとっても、手紙によって編集者の顔も浮んでくることもある。

それがメールやＦＡＸではどうであろうか。何となく依頼の仕方が軽いなあという印象は否めないだろう。いそがしいことを理由にして、ついつい断ってもかまわないということになりかねない。

手紙が大事などとずいぶん情緒的だ、いまの時代そんなことはない、古すぎるよというかもしれない。しかし、編集者の熱意といったものが伝わるのはやはり手紙である。だまされたと思って実行してほしい。しかもハガキではなく、封書ではないだろうか。依頼だけではない。体験的にいって、催促、原稿の感想など、すべてにおいて手紙の効用ははかりしれない。受け取った側は自分のことを丁寧に扱ってくれているという印象をかならず持つだろう。また原稿の催促でも、手紙でやられれば重く響くにちがいない。つまり予想以上に効果があるのだ。

編集者は手紙を書く習慣をつけておくといい。ハガキでも貰った方はうれしいものだ。そのうれしさはメールと格段に差がある。

まさか筆で書けとはいわない。ただし、ボールペンは止めた方がいい。万年筆で丁寧に時候の挨拶も忘れずに。手紙できびしく催促して怒る著者はいない。なんとかしてあげなくてはと、きっと思うだろう。

11　編集は雑用だ

編集者の生活は雑用の連続である。ゲラの手入れをしながら、別な著者に催促する。あるいはデザイナーに装丁を依頼する途中で、企画のための資料探しに図書館に立ち寄る。読者のクレームの電話のあとに、書評依頼に新聞社の文化部を訪問する。帰ってきたら、持込みの原稿を今夜中に読まなければならない。こんな風に、つまり、いったい何がメインの仕事なのか、本人すら分らないのが編集者の日常である。

一方人《いっぽうじん》ではとうてい勤まらない。いろいろなことを同時に、かつ合理的にこなしていかなければならないのだ。だから編集者にはフットワークが必須条件だというのである。気軽に椅子から立ち上り、多方面に手や足を向けなければいけない。不精のひとや、外に行くのを億劫がるタイプは向かない。

このごろ机のパソコンとにらめっこしている偏差値の高い若者が多くなってきた。由々しきことである。そんなことばかりしていると、細かい仕事がどんどん抜け落ちるだろう。パソコンに向くだけでは名著は生れない。編集者は足で勝負する稼業だということを肝に銘じてほしい。

生原稿から実際の本の形にするまでが一応編集者の仕事の範囲だ。しかし、書店店頭でどのように並べられているか、あるいは宣伝・ＰＲなど、刊行後のことに無縁でいいはずがないだろう。販売の担当者とも、書店の担当者とも相談をしなくてはいけない。もちろん、著者のフォローも必要だ。

つまり編集の仕事とはこのように雑用の連続なのである。ひとつひとつはたいしたことではないかもしれない。しかし、そのひとつでも抜けおちるとすべてがストップしてしまうことも真実なのである。気が抜けない。

優れた編集者はまるで、ストライカーが相手のディフェンスを華麗な足捌きで抜くように雑務を処理してゆく。そして、ゆとりをもって、とりわけ大事な作業である企画の仕上げとか、原稿の読みなどに時間をとるのである。つまり、時間の使い方がうまいのだ。無駄な時間がない。いうまでもなく頭の切り替えも上手なのである。

雑用をどのようにうまく処理できるかをみれば、その編集者のレベルが分る。

第Ⅱ部　私の編集者生活

藤原　二〇〇〇年の一月から小社のPR誌『機』で「編集とは何か」というリレー連載を開始し、粕谷一希さん、寺田博さん、松居直さんにそれぞれ一年間連載していただきました。本日は、そのお三方と、長らく人文社会科学書の編集をしてこられ、最近『編集とはどのような仕事なのか』（トランスビュー、二〇〇四年）という本を書かれた鷲尾賢也さんに加わっていただき、「編集とは何か」ということを徹底的に議論していただきたいと思います。

「編集とは何か」ということを考えましたのは、いま「出版の危機」ということが言われて久しいのですが、現状を打開していくには、改めてそういう根本的なところから問い直さなければならないと感じたからです。出版の危機というのは、編集の危機であると思います。編集現場でこれまで長年にわたってすばらしい仕事をしてこられた大先輩方ばかりですが、大先輩方から今日は忌憚のないお話をしていただきたい。しかもお集まりいただいている四人の方は、それぞれジャンルの異なる方々です。編集のあり方というのは多様であると思いますし、しかしそこに何か共通するものがあるかもしれません。また当然、編集についてだけではなく、出版にも絡めてお話しいただければと思います。

では、鷲尾さんの方からお話しいただきたいと思います。

1　「志」と「屈辱」をバネに

鷲尾賢也

1　志と実際の仕事――講談社への入社

鷲尾　ここにいらっしゃる先輩方は、皆「大編集者時代」の「大編集者」の方々です。しかし僕らの頃はすでに大編集者の存在を許さないような状況になっていました。僕は一九六九年に講談社に入りましたが、いまだ全て活版印刷で、一〇年くらいたってそれがオフセット印刷に変わる。それからまた一〇年くらいたち、ワープロ、パソコンがでる。そういう時代でした。

もう一つ特殊事情として、講談社という会社は、中央公論、福武書店、河出書房、福音館書店といった、先輩方の会社とは異なって、いわば想像をこえる会社でした。出版社というよりも出版産業で、コミックの他に、広告の比重の大きなファッション誌、『フライデー』と『週刊現代』といった男性誌、それに文芸書、児童書、辞典……。言うなれば出版の全てのジャンルを束ねていました。ただ出版社本来のいいものをつくりたいという意識もやはり強くある会社です。それがないとそもそも出版社は成り立たないのではないでしょうか。しかしいずれにせよ、そういう大変複雑な会社に入ってしまったことは確かです。私の同期でも、活字志向の人が突然マンガ雑誌を編集することになる。嫌だ、嫌だと言ってもそのうち編集長になったりする。ですから志と実際の仕事が変わってしまう人は幾らでもいたわけです。

私も書籍を編集したくて入社したのですが、まず『週刊現代』に回されました。『編集とはどのような仕事なのか』にも書きましたが最初の日から徹夜。三島由紀夫の防衛庁の立て籠もりや、連合赤軍の浅間山荘事件のときも編集部でした。いやな体験ですが、名誉毀損で訴えられそうになったこともありました。週刊誌でもマズマズだったと自分では思っていますが、どうでしょうか。ある人から「葬式のときに一番最初に骨が粉みたいになるのは週刊誌の編集者だ」と言われました。三年くらいたって、ようやく書籍に移ることができました。ですから志というよりも、何とかその中で生き抜いていくという意識がすごく強かったと思います。

2　「新書というのは黄色じゃないんだ」——講談社現代新書

鷲尾　そこで移った先が、講談社の中では当時比較的堅かった現代新書です。あるとき岩波新書編集部と会をもちましたら、「岩波新書はうちで一番柔らかい部署だ」と言われ、「現代新書は講談社の中で一番堅い部署だ」といって大笑いしました。講談社という会社はやはり出版社では大きい。本の中にも書きましたが、林屋辰三郎先生のところにうかがっていたら、うちの婦人雑誌から京都のおいしい食い物屋を教えろと先生宛に電話がかかってきました。林屋先生には『京都』という岩波新書の名著がありますので、それを見て電話をかけてきたのですね。林屋さんにも「君の会社は一体どういう会社だ」と怒られたりしました。なにかいいことをしても、必ずどこかで他人にきらわれるようなことをしている会社で、その中で仕事をするのは結構ハードでした。講談社は人文学芸書関係に関してはブランドはない。そのなかでの編集稼業というのが現実です。

　ですから非常に屈辱感も味わいました。当時は中公新書、岩波新書、現代新書がありましたが、私たちの新書は基本的にほとんど馬鹿にされていました。ある京都の先生に「君のところのこの黄色い表紙はよしなさい。新書というのは黄色じゃないんだ」と言われました。装丁は杉浦康平さんという第一人者にお願いしていたわけですが、ともかくどこに行ってもたたかれる。講談社というマスの力が全くプラスにならないような現場で仕事をしていたというのが、キャリアの前半です。入社して一五年くらいまではそういう気持ちがすごく強かった。ある時、筑摩書房の途中入社の試験があるというので願書だけ出したことを記憶しています。

3　『メチエ』の創刊・『日本の歴史』の刊行

鷲尾　そういう中で編集をしていますので、正直言うと何とか見返したい気持ちが強くありましたね。その中での現代新書、ＰＲ誌の『本』。単行本の編集であり、それからシリーズ『メチエ』、『日本の歴史』『現代思想の冒険者たち』『健康ライブラリー』などの創刊といえるでしょう。

講談社の特質だと思いますが、利益があればある程度フリーハンドのところがあります。現代新書も私が編集長の頃かなり数字がよくなりました。そのためにはハウツー書にも力を入れました。うちの会社はそういう点では非常に懐が深い会社で、編集者にかなりまかせるところがあります。それで新しいことを次々に始めたわけです。

社内で私の仕事に対して、内容がいいからとか、経営にとってこういうジャンルは必要だからとか、こういう方向は可能性があるから力を入れてみたらどうかというアドバイスはあまりありません。あいつは何かやっていて少しは利益も出しているようだ、それならやらせてみたらということで続いてきたような気がします。ですからいかに赤字にならないようにするかを、三五年間の編集者生活の中で常に考えてきた気がします。もちろん個別には赤字も出るわけですが、トータルで何とか黒字にしたい。あるところが儲からなかったら、どこかで儲ける算段を考える。そのように仕事をしていました。岩波、筑摩、中公、平凡社などに友達もたくさんいますが、彼らからはそういうはなしを全く聞いたことがありません。だからうらやましいとも思いました。

4　屈辱をバネに

鷲尾　しかし年齢《とし》をとるにつれ、少し自信が持てるようになりまして、本質的に編集というのはむしろそういうものではないかと思うようになりました。つまりいいものと同時に採算のとれるもの、それから実現できるものという三角形を、僕はつねに描くようになりました。その三角形の中で仕事をしなければいけない。今の若い編集者を批判すれば、講談社もブランドになり、皆、自信を持ってしまって屈辱感がありません。今の『メチエ』の編集部から『メチエ』と言ってほとんど断られたことがないんですよ」と言われると愕然とします。『メチエ』もブランドになり、皆書きたいと言っている。そうなってしまうと、シリーズとしては危機ではないか。そんな風にも思えます。編集者というのは、そもそも著者から馬鹿にされたり、世間から何だと言われる方が、いい仕事ができる気もするからです。

私は先にいったシリーズを四十代後半からいろいろ創刊してきました。創刊の面白さというのは、もうかけがえがないくらいのものです。ですから前半の屈辱と後半のシリーズ創刊が私の中の陰と陽とは言いませんが、「一身をして二生を経るごとし」の三十五年ですね。講談社の中で、もっと仕事をした方がいいのかという気もしたのですが、旧石器捏造問題などいろいろありまして、責任をとる形で辞めさせてもらったわけです。そういう中で『編集とはどのような仕事なのか』という本も書かせてもらったわけです。

藤原　ありがとうございました。鷲尾さんに出てもらいたいと思いましたのは、同世代の中でも注目する編集者だったからです。講談社で何か出てくると「おそらく彼だろうな」と思い、見るとやはり鷲尾さんだったということがよくありました。

2　倒産に縁の深い編集者人生

寺田　博

1　文学にかかわりたい一心で

寺田　大手出版社の講談社にいた鷲尾さんが、いろいろなジャンルがあって、そのジャンル上のマイナス点も背負って仕事をされ、屈辱感を味わったと言われましたが、そういう気持ちをお持ちであったことが私には不思議な気がします。というのも大手の出版社は、我々中小の出版社にとっては、待遇や経費の使い方をふくめて羨望の的でしたから。

私自身は、一番最初はスタイル社という女性誌に入りました。これは作家の北原武夫と宇野千代が社長、副社長という会社でした。昭和二十七年のことですから、紙もまだ悪くてようやく戦後的状況から脱し始めたような時代です。だから何もかも不備でした。スタイル社というのは戦前からの出版社でしたが、木挽町の平屋の社屋で、宇野さんの所有か北原さんの所有か分からないですが、普通の仕舞屋に会社をつくって営業していましたから、会社に入ったという意識はあまりなかった。それに出版社は当時は中小が多くて、どこもこんなものだろうという気持ちでした。ただ、凸版印刷の校正室に行ったとき、結構なビルの一室でしたので、この業界には格差があることをまず知らされました。

ただ、私はもともと出版界に入りたいというよりも文学にかかわりたいという気持ちの編集志望者でした。最初にスタイル社に入ったのも、結局北原さんがいたから入ったようなものでした。当時北原さんは文壇の論客で、批評も非常に斬新で、舌鋒鋭く大家をやっつけるので、文学青年にある種の人気があった。それでサラリーマンになりたいとかそういう気分とは全く違います。何か文学的な雰囲気に浸りたいという程度の、今で言えばフリーターに毛が生えたような気分で、文学的な英知のにおいのするところに行こうとしていたのだと思います。ところが、半年ほどで倒産したんです。

それから私は学燈社というところに入りました。『若人』という人生雑誌を三年くらい編集しました。人生雑誌が評判になりかけた頃で、売れるという話でしたが、実際は大したことはありませんでした。ただ、赤字にはならない程度の雑誌ではあった。三年目ぐらいには一応編集責任者になって仕事をしました。

2　河出書房『文藝』の復刊と坂本一亀との出会い

寺田　そしていよいよもう売れなくなってきた頃に河出書房から『文藝』が復刊するということを聞く。その話を教えてくださったのが川上宗薫《そうくん》さんでした。宗薫さんはその人生雑誌で当時ジュニア対象の長編小説を連載していて、親しかった。ところが川上さんは一方では純文学の、当時はまだ芥川賞の候補になり続けている時代で、『文藝』がどうも出るらしいよ。坂本一亀《かずき》という人が復刊するらしいから、行ってみないか」と言うのです。それで「紹介してください」と言いました。

ところが、坂本一亀さんに会ったら「実はもう決めてしまっている。君が入る余地はもうない」と言われてしまう。「ああ、そうですか」と言って引き下がってきたら、二、三日して電話がかかってきて、「もう一度会いたい」ということでまた行った。すると「一人予定していた人間が辞めたので」、「ああ、そうですか」ということになりました。後で分かったのですが、のちに辞めたのは種村季弘《すえひろ》さんでした。種村さんは当時週刊誌で仕事をされていたようですが、辞めたのは種村季弘さんでした。あの人はドイツ文学者として学者になられたので、いわば一時期の仕事として編集者を志望されたのではないかと思います。種村さんが、何日間か河出に行って坂本一亀さんたちの仕事ぶりを見て、自分に合わないと思って辞めてしまわれたらしい。私はとにかく藁《わら》をも掴むような気分でした。文芸の編集をしたかったので、「では行きます」と言って、それで入社することになりました。

何年か前に河出書房は倒産していて、ようやく『世界文学全集』で当たって、その上坂本さん担当の本が次々に当たって、そのきわめつけが小田実さんの『何でも見てやろう』で、大ベストセラーになったんですね。当時のベストセラーの中でも群を抜いていました。坂本さんは、元々倒産前まであった『文藝』を何とか自分の手で復刊したいと思っておられた。それでとにかく復刊のメンバーに入ることができたわけです。

3　三十二歳で編集長に

寺田　当時はとにかく何から何まで倒産というのがくっついてまいりました。あいさつ回りをしても「君のところにはエラい目に遭ったからな」というような人たちばかりでした。当時日本の文壇は、やはりちゃんとしたヒエラルキーがあって、丹羽文雄、石川達三、船橋聖一、御三家と言っていましたが、御三家が健在で、皆それぞれ流行作家でした。そういうお偉方のところへ『文藝』が復刊したということで挨拶に行ったわけです。一人では回り切れないというので坂本さんにくっついて行ったところもあるし、自分だけで行ったところもある。自分だけで行ったところでは、大丈夫か、また潰れるんじゃないかと言われました。

もう一つイデオロギーの問題がありました。あの時代に出版界にいた皆さんは分かっておられると思いますが、河出書房はどちらかというと左翼系の文学者と縁が深かった。埴谷雄高、平野謙などの雑誌「近代文学」の発行元になったこともあったし、阿部知二《ともじ》さん、青野季吉さん、ドストエフスキーの米川正夫さんたちが顧問をされていた。『文藝』それ自体は別に左翼ではなかったのですが、やはり戦後派作家を中心にしていました。しかし戦後派でも本当に左翼だったのは野間宏と椎名麟三《りんぞう》くらいでしたが、文壇からは左翼的な出版社と見られていました。だからまだそのことが気がかりだという方もあり、婉曲にそういわれたこともあります。

とにかく『文藝』がスタートし、そして二年くらいしてから坂本さんが代わられたり、次の方のときには判型が変わってB6判になったりしました。そしてまだB6判の頃に、私は三十二歳で編集長になりました。私はどうしてもA5判にしたかったので、またA5判に戻した。そのうちに第二次の倒産があって、『文藝』の執筆者グループだった人たちが筑摩書房の方に大挙して移っていく。その後に私は内向の世代と言われるような人たちを結集するような動きをしたんですね。文芸誌というのは中心になる執筆者を何人か抱えていないとできない。毎月出しますので、必ず誰かの小説が載らなければならないとなりますと、毎号書かなくても定期的な執筆者何人かに支えてもらわないと続かないのです。

4　さらなる倒産

寺田　そのときは多くの人に迷惑をかけて参ってしまったのですが、実は業界の方々や文芸家協会の債権者側委員だった和田芳恵さんなどの尽力でまた復活できたんです。前の倒産は私がいないときの倒産でその後に私は入ったわけですが、今度は本当に自分が編集に携わっている中での倒産なので驚きました。それまで倒産ということは誰も考えてもいなかった。当時は一ページ広告をばんばん出し、全集も何種類も出していて、とにかく自転車操業状態に陥りつつあるということは何となく分かっていましたが、それでも突然来るとは思えなかった。これについてはいろいろなことが後で言われています。手形決済の不手際があって倒産しなくていいものを倒産させたという説もあれば、あれはやはり倒産すべくして倒産したという方もいらっしゃる。何とも分からない。

それからまた復活して、また『文藝』の編集をする。しかしそのときにやはり多くの同僚が辞めていった。倒産責任は自分たちにあるとは思えないけれども、やはりその会社で中堅社員だった人間として、いろいろな人が辞めたのに自分だけが続けるのはどうも具合が悪かった。

それで、二つ、三つある大きな仕事が片づいたところで辞めました。河出書房には十五年間いました。

5　作品社創立と福武書店『海燕』創刊

それからしばらくして河出のＯＢたちと作品社という会社をつくり、『作品』という文芸誌を創刊しましたが、これも六号で行き詰まりまして、これはどこかに継続してもらおうと考えましたが、なかなか文芸誌に投資する会社はなかった。奔走したけれどもそういうところはなかった。結局人間だけでもどこかにまとまって入れないかと考えていたら、当時福武書店が人を集めているという話がありました。それで福武社長に会う機会を世話をしてくださった方があって、五人の集団でそこに入社することになったわけです。

初めのうちはつらかったですね。まずこの会社は事業部制という制度がきちんとしていて、年初に予算をたて、年度末に事業単位で決算を出しますので、業績は一目瞭然でした。ただ福武哲彦という社長は何か新しいことをしたいと思っておられた。つまり教育産業で成功されて業績が上がっていました。そのあたりは粕谷さんも松居さんも講演にいらっしゃったので御存知だと思います。社長は美術雑誌を本当はつくりたかったらしいのですが、私たちが文学雑誌というものですから、ではやってみるかということになりまして、『海燕』という文芸誌が出せることになったのです。

そこから十四年間、文芸出版を続けまして、個人全集、文庫なども出し、多少の業績は上げたつもりでしたが、最終的には教育産業の会社としては出版部門がどうも生産性に欠けるということで撤退が決まりました。それ以前に初代社長が亡くなっているわけですけれども、ちょうどその頃に私は定年退職の年齢になっていました。結局私は十四年間福武書店にいまして、その前に十五年河出書房にいましたが、一貫して文芸編集者を通せたことは幸運でした。どうも現役時代は倒産に縁が深かったですね。

3　運命としての編集者稼業

粕谷一希

1　筑摩書房『展望』に憧れて

粕谷　寺田さんのお話も鷲尾さんのお話も、身につまされることが多いです。私も大学を出るときにどこに行こうかと思っていました。大学はサボるだけサボっていましたから、もちろん成績は悪いし、大学には残れない。そうかといってお役人になる気もない。親はそれこそ新日鉄のような大会社に行ってもらいたかったのでしょうが、僕は全くそういう気はない。とにかく本が好きだから、本と関係のあるところに行きたい。鷲尾さんが筑摩書房を受けようと思ったといわれましたが、僕も筑摩に行きたかった。僕は筑摩に行って、『展望』を編集したかった。学生時代、雑誌では『展望』に最も深い影響を受けました。それから同人雑誌では『世代』

という学生の同人雑誌があって、僕は『世代』に載ったいくつかのエッセーが好きだったものですから、ああいう雑誌の編集をしたいと思っていました。それからもう一つ強いてあげれば、文藝春秋の『文學界』に「メタフィジック批評の旗の下に」という三角帽子という匿名批評欄があって、これが非常にシャープで好きだった。後になってイニシアティブは服部達がとっていたようだということを知りましたが、服部達と遠藤周作と村松剛の三人が書いていた。

自分では、大学時代同人雑誌を編集していた。『時代』という総合雑誌でした。そんなことが面白くなってしまって、出版社に行くことにしたのです。

2　中央公論社への入社

筑摩書房には全く知り合いがいなかったので「誰か知っているやついないか」と友達にわめいていた。すると佐倉の結核療養所に入っていたある友達が、「おれの隣に変な、筑摩の重役やっているというのが来て、毎日碁を打っているんだ」と言う。「筑摩に行きたいとわめいていたということを聞いたけれども、一度来てみないか」と言われました。それでわざわざ佐倉まで行った。それは後に社長にもなった竹之内静雄さんという方でした。京都大学の文学部シナ哲学科出身の人で、古田さんの片腕、苦労して高利貸しにまで金を借りた人です。行って、頼んだら『展望』を復刊する見込みはない。それから、この会社はいつ潰れるか分からない。おれは覚悟しているからいいけれども、新しい人を入れる気にはならない」と言う。「絶対潰れない会社を紹介するから、そこに行け」と言われた。それが中央公論だった。今になってみると両方潰れました。

その頃は嶋中ジュニアの時代です。嶋中雄作さんの次男坊の鵬二《ほうじ》さん。たまたま兄貴が亡くなって、明治大学の独文の教師を務めていたが、跡を引き継ぐことになった。ところが古い会社というのは面白いもので、雄作さんを囲んでの番頭さんが大勢いる。雄作さんが早く亡くなってしまったものだから、番頭がその後をいろいろ経営していた。若社長は迎えるけれども、この若社長が一人前になるのはまだまだ先。だから本当に社長として適格といえるまでは、こちらが実際の責任を負うのだという意識があった。この番頭さんと鵬二《ほうじ》さんは、仲が悪かった。初めからそういう世代間抗争を大変なものだと思って見ていました。

その嶋中さんに、編集者は大体皆半失業者だと言われて、そういえば俺もそうだと思いました。文士にもなれないけれども普通のところにも行きたくない。非常に中途半端に、とにかく本と縁のあるところに行くというような人が多い。今で言えばフリーターに近い。

ただ、幸いにその頃は絶対潰れないと思われていた中央公論社にはやはり格がありました。何か頼みに行って、断られることはまずない。それから荷風、谷崎がメインのライターで、荷風、谷崎を押し立てると、小林秀雄も川端康成もまだ若い。しかしそのように中央公論は荷風、谷崎両先生をいただいたことによって、逆に命とりとまではいかないにしても、その後の世代に対するケアが不十分になってしまったと言えるかもしれません。

3　『中央公論』『婦人公論』『思想の科学』

粕谷　僕らが入った当時は遠藤周作が芥川賞をとった頃で、まだ石原慎太郎が出る前です。ですから本当に牧歌的でした。その当時『中央公論』で連載していたのは石川淳の『白頭吟』、大岡昇平の『花影』、武田泰淳の『貴族の階段』、三島由紀夫の『沈める滝』。一回百枚、四回連載というのが始まった頃です。ですから最も絢爛たる、純文学が世の中の主流をはっきりつくっていた時代でした。それから伊藤整さんです。中公新人賞の最初の選考委員は、伊藤整と武田泰淳と三島由紀夫でした。ですから選考委員の三先生のところに私たちも行かされました。その伊藤整が颯爽と『伊藤整氏の生活と意見』で大当てに当てました。それまで流行作家ではなかったが、チャタレイ裁判で『伊藤整氏の生活と意見』を書いて一躍有名になった。中央公論から京谷さんという人が行って『女性に関する十二章』というのを『婦人公論』で連載して、これがまたさらに当たった。そういう中で、編集者生活を始めたわけです。

僕は『中央公論』に最初一年半くらいいて、それから『婦人公論』に回されました。『婦人公論』では、幸田文さんが忘れがたい。伝通院のお宅に伺いました。娘さんの青木玉さんと僕は年が同じくらいなので、お互いによく覚えていて、今でも本をくれたりします。武田泰淳さんと毎月芝居を見に行ったり、そんなこともしていました。

その後、書籍に行けと言われて、一年三カ月くらいで『婦人公論』をやめて書籍に行く。書籍に行ったのはいいけれども、今度は書籍の出版をしながら『思想の科学』を編集しろと言われた。鶴見俊輔さんが嶋中さんと小学校の同級生だったのです。鶴見さんというのは非常に跳ね上がりで危ないけれども、永井道雄という常識的な人がいるから、その人が京都にいるけれども、東京に来たら引き受けるという約束が嶋中さんとの間でできたらしい。それで永井道雄さんが、京都から東京に出てきた。東京工業大学の助教授でした。それでおまえがやれと言われた。嶋中社長が「大体おまえは、見ているとどうも左翼嫌いだ。だけど左翼のことを知らないで左翼嫌いというのは編集者として駄目だ」。そう言われると、一言もない。「だから左翼とつき合って、左翼のことをよく見てそれから判断するんだ。おまえも半人前、『思想の科学』も半人前だ」というわけです。随分ひどいことを言う人だと思ったけれども、そう言われればぐうの音《ね》も出ない。それで三年間『思想の科学』の編集をしました。面白い経験もしましたけれどちょうど六〇年安保までです。皆デモに行ってしまって原稿を書かない。本当にこれは僕と肌が合わないと思って、それで担当を降りたいと申し出ました。

4　『風流夢譚』事件

粕谷　降りて間もなく『風流夢譚《ふうりゅうむたん》』事件が起こる。そうしたらもう右翼が発刊直後から中央公論社に抗議に来た。先頭に立ったのが赤尾敏《びん》です。そして最後は戦前に浜口雄幸《おさち》を刺した佐《さ》郷屋留雄《ごうやとめお》という本物のテロリスト。そういうすごいのまで抗議に来ていました。「もう編集をやっていられないから援軍に来い」と言われて、中央公論に行ったわけです。それが一九六一年の一月一日です。そのときに行ったのが僕と後の直木賞作家の綱淵謙錠《つなぶちけんじょう》さん。それで一カ月たったら社長宅の殺傷事件があった。社長その他には警察が二四時間警護がつき、『中央公論』の編集長にも警護がつく。警察というのは妙なところですが、警護と称して二四時間見張っている。見張られると自由がきかない。警察とつき合うのは大変なことでした。僕はとにかく何も勉強はしなかったけれども法学部ですから、そのとき学生時代知っていた佐々淳行氏に頼んで警備部長と公安部長を紹介してもらった。そういう人とつながりをもっていれば多少、仕事がしやすくなった。

それで『中央公論』のデスクを六年、編集長を三年務めました。そこで今度は、また組合闘争が起こりました。東大落城と中央公論のストライキが重なって、どんどん急進的になってゆく。ただ、会社は非常に打撃を受け、組合も急進的になりすぎて収拾がつかなくなった。結局一部の急進派が解雇された。中央公論も死ぬ思いで労務の専門家を招いたのです。それで急進派を解雇した。しかしその後遺症が、僕が辞めた後も続く。光文社と中央公論は労働組合の労使紛争でかなりの打撃を受けたのです。

5　生涯続く編集者稼業

粕谷　結果として二三年中央公論にいました。初めから終わりまで、僕は雑誌編集です。書籍の編集出版は経験がない。ただ、あの頃は本当にいい時代でした。僕が担当した連載もほとんど本になった。そういう意味では、僕の本好きのセンスから言っても非常に楽しい経験をしました。

この中で一番面白かったのは松本重治の『上海時代』、それから若手で言えば庄司薫や塩野七生、そして石光真人《いしみつまひと》の『ある明治人の記録——会津人柴五郎の遺書』。そういう本をつくれたということは、本当に一生忘れがたい。

とにかく辞めてからは、もう少し自由な仕事につきたいと思った。印刷業とはもう縁を切ろうと思っていましたが、その後六年くらいしてから、雑誌をやってくれという人が向こうから来ました。僕はもう終わったと思っていましたが、人からそう言われるとそうかと思って引き受けました。僕の場合、原稿の注文より、編集者をやれという注文の方が多いのです。その頃、講談社の第一出版センターは齋藤稔さんが社長で、『言論が日本を動かす』という講座みたいなものを出しました。丸谷才一さんや山崎正和さんも入っていてなかなか着想がよかった。僕もいろいろな筆者と楽しい仕事ができた。

それから福武書店では井上太郎さんが「何か全集でいいのはないか」と言うから「竹山道雄さんを出したら」と言った。竹山さんに僕らはドイツ語を教わったりしていました。竹山さんというのは学生が好きで、社会人になっても竹山さんとおつき合いのある人が多かった。他の出版社では竹山さんの全集は出せないけれども、ちょうど福武は何か出したがっていたので、これは竹山さん一家にも感謝されて楽しかった。

そんなことで、文筆活動をしながらまた編集が続く。これも書いたことがきっかけになったのですが、東京都から「雑誌を何とかしてくれないか」という話が来た。いずれチャンスがあれば『東京人』という雑誌をつくりたいとは思っていました。だから中央公論でもこういうのをやりませんかと持ちかけていた。それで『東京人』を出したら、今度は外務省から電話がかかってきた。外交問題や安全保障問題の専門の人たちは、中央公論時代から知り合いが多かった。岡崎久彦さんは佐藤内閣の頃からよく知っていて、彼から電話がかかってきて「おれは東京都に頼まれているから駄目だ」と言いましたが、「一つやるのも二つやるのも同じだ」と言われて、結局、『外交フォーラム』の編集を引き受けました。それから一七年。とうとう生涯編集者です。今度ようやく都市出版も辞めて相談役になったと思ったら、また新しいところからやってくれという話が来た。どうしても編集者稼業から抜けられない。これも運命かなと思っています。

4　取次に頼らない本作り

松居　直

1　「一日も早く来てくれ」——福音館への入社

松居　皆さんのお話を聞いていて、私の場合は全く別世界だと思っておりました。元来、編集という職業も出版という仕事も、私には無関係でした。一九五一年、大学を卒業する直前に石川県の金沢に福音館という本屋がございまして、そこへ遊びに行ってそこの親父さんに出会いました。私が金沢に行ったのは「ホワイトクリスマスを見ませんか」と言われたからです。京都では雪の降っているクリスマスは見られないし、ものすごくロマンチックに感じ、ビング・クロスビーの歌が流行していたものですから大喜びで行きました。そこに初代の社長になる佐藤喜一がおりました。

出版界に入ることは全く考えていなかった。先生方は大学に残るのではないかと思っていらしたようですが、大学は窮屈だと思っておりましたので、いいところがあれば就職したいと思っていました。たまたま金沢に行って出会った親父が出版のまねごとをしていまして、取次店の経験もあり、賀川豊彦先生と一緒に伝道していたようなクリスチャンでもあった。非常に商才がある人だと感じました。私は商人の家庭に育ったものですから、商売が感覚的に分かりました。私の母は毎日「商売というのは正直、勤勉、倹約です」と耳にタコができるほど言っていましたから、商売のことはごく身近だった。今でも私は、商売は正直、勤勉、倹約だと思っていまして、その通りにしております。

2　「編集はおまえに任せる」

その親父が、どうしても出版をやりたいと言う。小売だけでは自分の夢が果たせないということで、その片棒を担がんかと言われました。私はまだ片棒を担ぐ気はなかったけれども、「出版をこれから始めるんだから、海のものとも山のものとも分からない。将来は保証できん。給料は払えん」と言うのです。「そのかわり毎月小遣いを三千円出す。寝るところと食べるところは全て保証する。編集はおまえに任せる」と言うのです。私は編集というのが全く分かりませんでした。しかしその親父さんが面白い人で「一日も早く来てくれ」と言われて、私は卒業式に出席もしないで金沢に参りました。何か、やはり勘が働いたのだと思います。

周囲は皆反対で、先生は「どうしてそんな金沢へ都落ちするんだ」とおっしゃる。それでも私は、そこから道が開けるのではないかと感じたわけです。私はだから就社をしたのではなく就職をしたのです。今でも学生さんに「あなた方、就職をするのか、就社をするのか」とよく話しますが、私は職業を選んだ。そのことは間違っていなかった気がいたします。

3　荷造りから集金まで――取次に依存しない

松居　それで金沢に行って、中学生向けの「小辞典文庫」を編集しました。それはかなりよく売れました。もちろん地方の出版社ですから、東京の取次が扱ってくださるわけはありません。「小辞典文庫」は新刊を出しますと全国の中学校へ実物見本を献本しました。本を袋に入れたり、チラシを入れたりするのも、全て家族の手仕事でした。それで振替で注文が来る。今度は本を出荷するわけですが、私一人しかおりませんから、荷づくりから全て一人でやりました。荷造りをして、リアカーに荷物を積みまして、中央郵便局に毎日運びます。金沢は坂が多い町だということをそのとき知りました。三カ月ほど、荷造りばかりしていたこともあります。その間に集金や配本もやったり、店番をしてレジも打ちました。そんなふうにして編集もしながらいろいろなことを学んでいきました。

そのうちにその小辞典が非常によく当たりまして、東京の取次店から注文が来るようになった。東販、日販から「注文があるんだけど出してくれるか」と注文があって、こちらは大喜びで送品しました。実は東販にも日販にも、地方の書店からまとまった注文が来る。ところが福音館という出版社は聞いたことがない。どこにあるのだろうということになったそうです。そのときに福音館は北陸では有力な本屋でしたから、取次の方が、金沢に福音館という本屋があるよということで、そこへ問い合わせてみることになり、私の方でつくっていることが分かったのです。それで東京へ送品するようになり、量もだんだん増えていきました。

それが福音館が買い切り制度になったそもそもの初めです。注文品ですからこれは買い切りです。翌月に現金で支払われる。取次は、大した金額ではないから何とも思っていらっしゃらなかった。それがいつの間にか膨らんでいって、いまだに買い切り制です。これについては親父がうまかった。商売のこと、取次や小売のことをよく知っており、出版界の裏がよく分かっていたのでそこは譲らなかった。先見性があったと思います。

4　『母の友』の創刊

松居　二年間、金沢におりまして、それから福音館書店という出版社を別に創立して、東京に出てきました。やはり東京が日本の出版流通の中心です。金沢から送っていたのではとても間に合いませんし、金沢での製本、印刷ではもう賄い切れません。ちょうど弘文堂の社長で酒井明さんという方に「東京へ来てやったらどうか」と言われて、本当に着の身着のままで東京に出てまいりました。その時は社長以下六人でした。社長と編集の私と、販売を担当するのが二名、それから出荷業務をする中卒の少年が一人です。

東京に出てきてよく分かったのは、学参本の市場はぴしっとできていましたから、そこにそんな小さな辞書を出していったのではとても駄目だということが分かった。学参本ではとてもやっていけないということでした。それでもっと別のことをしようと考えたとき、親父が漏らした言葉があった。今そんな言葉を使ったら叱られますけれども、「出版の中で一番安定しているのは、女子供のものだ」と言ったのです。それなら母親向けの雑誌を考えてみようということで、『母の友』という家庭教育と「子供に聞かせる一日一話」を毎号特集する雑誌を企画しました。ちょうど、戦後の、子供の教育や家庭での育児が変わっていく時期でした。私は松田道雄先生の本を学生時代から読んでいましたので、この分野は可能性があるかもしれないと思って『母の友』を創刊しました。

5　全国の幼稚園・保育所を回る

松居　『母の友』を出しても宣伝力がありませんから、やはり実物見本を全国の幼稚園、保育所に送って、そして直接注文をとりました。取次や書店はほとんど見向きもしてくださらない。大体「フクインカン」と読んでくださる書店がほとんどなかった。取次もそうです。「フクオンカン」と言っていました。最近でこそ「福音館《ふくいんかん》」という名前が通るようになりましたけれども、もう長いこと「フクオンカン」でした。時々「フクネカン」などと言われたりしました。そんなことで『母の友』もやはり読者に直接宣伝をして注文をとった。取次店が扱ってくださらないので販売担当を少しずつ増やして、全国の幼稚園、保育所そして書店を毎日毎日回りまして、直接に説明をして注文をとる方法をとりました。

6　絵本を手がける

松居　そのうちに『母の友』が二万冊くらいまでになった。そうしたら『母の友』と全く同じような企画のものが、有力な出版社の月刊の保育絵本や幼児向けの雑誌に付録でつくようになった。中には『お母さんの友』というのもあり、いくら何でもこれはちょっと頭に来たものですから、弁護士さんに頼んで抗議をしました。こちらは定価二〇円なんです。ところが一方は付録です。これではとても勝負になりません。全く売上がストップしてしまう。出版界というのは、こんなことまで平気でやるのかと納得できませんでした。親父もかなり頭に来たらしいです。向こうが絵本の付録に『母の友』をつけるのだったら、こちらは『母の友』の付録に絵本をつけようということになりました。初めは冗談半分でしたが、その発想がしだいにふくらんで具体的なイメージができ、それで月刊の絵本をつくることになります。

私は絵本が好きでした。子供のとき、母が『コドモノクニ』というすばらしい絵雑誌を読んでくれて、子供の目で絵本を体験していましたので、子供が絵本をどう受け止めるか、そして心の中にその喜びがどれほど深く残るかという、そういう読書体験を持っていました。ただし、よその会社がつくっているような絵雑誌の真似は絶対にしない。あれでは駄目だと思いました。

そのきっかけになったのは、『岩波の子どもの本』です。一九五三年十二月に岩波書店が、欧米や旧ソ連の優れた絵本の翻訳をシリーズで出版された。小型の絵本でしたが、私も絵本に興味があり、子供がたまたま絵本を読んでやる年齢になっておりましたので手に入れました。そして子供にこれを読んでやりますと、想像以上に喜ぶ。子供が本当に物語の世界に入っていくのがよく分かる。絵をどのように見るのかもよく分かる。日本で初めての創作物語の絵本は『岩波の子どもの本』です。しかし翻訳が圧倒的に多かった。それにしても外国にはすごい本が出ている、これが絵本か、それなら日本でもつくろうと私は思いました。それで創作物語の絵本をペーパーバックで月刊で出そうということになりました。まだ誰もやっていない企画だからどこからも文句は言われまいと。事実それは世界のどこにもなかった企画でした。

初版二万冊つくりましたが、売れたのは五千冊くらいでしょうか。あとは残りましたから、これもまた実物見本を幼稚園、保育所に送って注文をとりました。そうしたら「読んでやったら面白い」というかなりの反響がありました。すぐには買ってはくださらないのですが、たしかな手応えを感じました。注文も少しずつくるようになり、中には書店からの注文も来るようになりました。創刊号は文章が與田準一さんで、絵は堀文子さん。堀文子先生の初めての絵本でした。ヒントはフランスのパントマイムのマルセル・マルソーの「蝶」という舞台で、私は堀先生とご一緒に見ていましたし、與田さんもご覧になっていました。たまたま皆が見ていたものですから、「あれを絵本にしようじゃないか」ということで、パントマイムの舞台にヒントを得た創作物語を絵本にしました。

それが福音館書店が絵本を手がけた最初です。しかし一年近く経っても赤字続きです。小辞典文庫の売上げで十分補っておりましたから赤字は持ちこたえられましたが、なかなか売れない。どうしても二万部を越える線にいかないものですから、これでは続かないということでもう止めようかということになった。これだけ全力投球しても駄目ならもう仕方がないと思っていまして、私はその頃ノイローゼみたいになって家で寝ておりました。

その時に電話がかかってきまして、「産経児童出版文化賞」をくれるというのです。そんな賞のことなどは聞いたことがありません。どういう賞かも分かりません。しかし電通に聞いてみたらとても立派な賞だという。子供の本の最高の賞だと言われました。創刊号から翌年の二月号までに、この出版文化賞をいただきました。出版文化賞をいただいたからにはとても止めることはできない、社運をかけても続けようということになりました。

不思議なことに『こどものとも』は毎月増えていった。本当に何十部か何百部か、月によって違いますが、一〇年間ほど部数が減ったことがありませんでした。不思議にずっと伸び続けたものですから、それで私たちも力を得て続けていった。産経新聞社の賞は三回いただき、「出版文化賞」「特別出版賞」「出版文化賞大賞」の三冠王でした。本当にそういうことに助けられて、続けることができました。こういうわけで私の編集は、今にいたるまで全く我流です。本当にアウトサイダーです。

7　編集十七年、社長十七年

結局、私は編集を十七年間いたしました。四十二歳の頃に社長に無理矢理させられました。先代の社長が「おれはもう引退するから、おまえがやれ」と言ったのです。「自分の息子にやらせたらいいじゃないですか」と言っても「今は駄目だ」と言うので社長になりました。社長になってからは、私は編集のことに口出しをいたしませんでした。うるさいだろうと思ったのです。「僕の顔なんか見るな。読者の方をみて自分で考えなさい」と言っています。そんなことで、社長を一七年間しました。五十九歳で、私は社長を降りたんです。経営会議である日突然、「私は、今日で社長を辞める」と言った。皆びっくりして「どうしてですか」と言われたから、「長過ぎる。一七年間もやったのだから、長過ぎる。皆の定年より早く辞めるよ」と言いました。そう言って私は社長を降りたのです。福音館書店を離れようとも思いましたが「それだけはやめてください」と言われ、会長という形で残った次第です。

第Ⅲ部

〈討論〉編集の危機とその打開策

粕谷一希
寺田 博
松居 直
鷲尾賢也
（司会）藤原良雄

1 「危機」の現状分析――出版の産業化と編集の現場

1 産業化する出版

鷲尾 お三方のお話を伺うと、寺田さん、粕谷さん、松居さんの時代はやはり日本の高度成長期で、編集者としてはいい時代だったと思います。待遇などのことではなく、編集という仕事そのものが動いていく時代で、寺田さんのように倒産なさっても生き延びられる時代ということです。高度成長があり、仕事がある時代だったと思います。しかし、それでもうちの社の若い人によく言われます。「鷲尾さんは、やはりよかった時代だ」と。

すべてを時代のせいにするわけではないのですが、確かに今は違う時代になったという感じはします。流通の問題も含めて、本のあり方が随分変わってきた。例えばメディアミックスみたいなものがたくさん出てきたり、それから本や雑誌以外の楽しみがたくさんある。

広告部門がすごく強くなってきた中で、いかに自分たちの本や雑誌を読者に届けるのか。いい本だから売れるというスタイル、あるいは説得すれば売れるという時代ではなくなってしまった。そうすると例えば新聞社とどうつながりを持つかとか、書評を何とかしなければいけないと考えなければならない。書店にいい本だからと言うだけでも駄目だから、新しい流通システムをいかに構築するかなどを考えなければならない。今の編集者はそういうことに力を注がざるをえない、また注がないと本が売れない時代になってきています。

皆さんのお話を伺って羨ましいくらいですが、その僕ですらも今の若い人から羨ましいと言われる。今はもっとつらい状況にあるのではないか。出版社が出版産業にどうしてもならざるをえなくなっている。それは講談社だけではなく、小さなところも産業化している。それは流通も書店も同様です。書店もすべてＰＯＳシステムで管理されている。それから海外からの進出の問題もある。アマゾンやｂｋ１がある。つまり編集者としていい本をつくればそれが必ず読者まで到達するという神話が成立しなくなっている。そういう状況の難しさが今の編集の難しさになっている。編集の危機はそこととリンクしていますね。

藤原　出版が産業化する中で、いい本をつくるとか、読者に手づくりし、手渡しするということが難しくなっている。だから編集者も育たない、書店員も育たないということですね。

2　本に対する敬意の低下

粕谷　いま最大の問題は、本に対する敬意がどうも失われていることです。本というものを大事にしなければいけないということを財界人も分かっていないし、電通も分かっていない。電通にもいい人、立派な人はいます。そういう人たちは、もちろん本に対する敬意を持っています。けれどもいまの財界のメンバーはリクルート、ぴあ、河合塾などです。彼らが事業で成功することは構わない。ほかにない能力を持っているからなのでしょう。ただ、もっと本というものに敬意を払ってほしい。岩波、文春、新潮、それから児童書といえば松居さんの福音館、そういう本来の出版社やそうした本に対して払うべき敬意というものをどうも分かっていない。今、電通の若手の担当者は、売れる本にしか目がないわけです。

僕として一番の屈辱は、『東京人』の後、角川が『東京ウォーカー』を出した。『台湾ウォーカー』というものまで出している。あれも『東京人』をヒントにつくったのだろうけれども、電通の人間が「あちらの方が成功してしまいましたね」と言うわけです。冗談じゃない。あちらにはデータマンがいるだけで編集者はいない。

少なくとも僕らは編集者が志や理想を抱いているところ、こういうのをつくりたいという情熱、本に対する愛着と敬意があるところで仕事をしたい。お役人もどんどんつまらなくなっている。お役所が出す情報がつまらないから、新聞社の出すものもつまらなくなる。昔は新聞記者といえば名記者がいて、いい文章を書いていました。そういうことがどんどんなくなって、いまは本当に索漠たるものです。事業で成功すればそれでいいというわけではないのです。

リクルートは、今それなりに苦労しているのでしょうが、非常にいい情報を持っている。なにしろ元々を言えば、住宅情報と就職情報を扱う広告会社です。あれはすべて広告であり、記事ではない。もちろん僕らも今は非常に苦労をしていて、メディアミックスだとか言って、広告だか記事だかわからないようなのを編集することもあります。しかしそれでも筆者が書く原稿が中心であり、広告がそのまま記事になるということはありません。

ですから出版社が声を大にして、もっと本に対する敬意と愛着を持ってもらうように挑まないといけない。別に講談社にお世辞を言うわけではないけれども、『漫画少年』を書いている加藤謙一さんの息子さんと非常に親しくしています。加藤謙一さんは戦前の『少年倶楽部』の名編集者だった。佐藤紅緑《こうろく》、吉川英治、山中峯太郎、江戸川乱歩に子供向けのものを書かせて、大ヒットした。『少年倶楽部』には僕は血湧き肉躍りました。『少年倶楽部』がいわば僕らの教科書です。それで感奮興起したわけです。いまだにそのときの感動は忘れられないものだから、息子さんに会ったときにすっかり懐かしくなってしまいました。加藤謙一さんはその後『漫画少年』と『野球少年』というのを自分で出して、失敗して会社を潰してしまいます。その話を聞いて野間省一さんが再び拾ってくれて、顧問にした。講談社というのはそういう点ではいいところがある。それにしても加藤謙一さんは戦後になって『野球少年』と『漫画少年』、要するにこれからは野球と漫画だと判断した。事業としては失敗しましたが、ものすごい先見性です。明治時代の編集者の徳富蘇峰とどちらが編集者として偉いかと思うくらい、加藤謙一というのは大変な人だったと思います。児童書でも少年物でも婦人物でも、どの分野においても、本当に編集が好きで、先見性のある人がもっと出てこなければいけない。

鷲尾　加藤謙一さんの最後の時代は僕も知っていました。社内にいらしたのでお顔も見ています。

3　出版の産業化と手仕事としての編集

鷲尾　もちろん粕谷さんのおっしゃることには異論はありません。ただ、状況が状況なので新しいタイプの編集者が必要ではないかという気もします。若い人にも、いい本をつくればいいのだというだけの人もまだいるわけです。でもそういうわけにはいかないよと言っているのです。結局、外側が産業化しているにもかかわらず、編集という作業は変わらず手仕事、フェース・トゥ・フェースの個人的な作業です。それで編集者と出版産業の間のギャップが拡大している感じがします。

藤原　そのフェース・トゥ・フェースということですが、今は著者と会わないで本をつくるということがありますね。

鷲尾　そういうことも十分ありえるわけです。メールで四百枚の原稿が入って、それをDTPで編集して、装丁もMOでもらって、それで印刷所に入れれば本がつくれる。

寺田　私たちの時代は確かに貧しい時代であったけれども、編集者らしい仕事はできたといえるでしょうね。まだ活字の字数や行数を数えたりしていましたから、いわゆる手仕事だった。

粕谷　しかし編集の本質は変わらない。コンピュータで編集するというけれども、実際に顔を合わせないで内面的なつながりができるかといったらできない。そうすると代償行為、たとえば二人で旅行するとか、そういう工夫がまたでてくる。

僕はマスコミは全滅するかなというまでに悲観的に考えていましたが、全滅しても言葉と文章があるかぎりまた甦ってくると思う。最近、俳句結社というのが面白いと思っています。「芭蕉は、なぜあんなに旅行ができたんだ」と誰かが言っていた。あれは家元制度に近いのだろうが、あのつながりはすごい。だから僕はもしマスコミが駄目になった場合でも、俳句結社のような、同人雑誌のまた新しい形態ができてくるでしょう。皆、仮にそれで食えなくなっても、どうしてもこの本は出版したいと思う人は出てくるでしょう。カラオケと同じで、皆、自己表現したい。そういう自己表現したい気持ちが残れば何らかの形態が見つかるはずです。

鷲尾 長いスパンで考えれば、粕谷さんのおっしゃる通りだと思います。ただ、ここ一〇年くらいのスパンで言うとそういうものはでてきていません。今の出版業界の売上は約二兆二千億円ですが、ある人に言わせると一兆円くらいになることもありえるのではないか。その間に出版界も再編成があるでしょうし、出版社も潰れるでしょう。それでまたもう一度やり直せばいいと。しかし言うのは簡単ですが、渦中にいる人たちはとんでもなく大変でしょう。講談社はその最たるもので、つらくなっているところもある。僕はもちろん、まず志が必要だし、いい本をつくればいいとは言いますが、片方で今の編集者に、そういう精神を注入するだけではうまくいかない気がします。

4 本の重要性と他メディアとの提携

鷲尾 僕は本への関心ということを、書協にしろ雑協にしろ、もっと出版業界全体で考えるべきだと思います。例えば本のテレビ番組というのは、BS放送「週刊ブックレビュー」しかない。それこそ民放の深夜枠でも買って本の番組を独自でつくり、面白い本があるよと言うだけでも随分違うのではないかと思っています。ところが一生懸命言うと、「そう言うけれども金をどうするのか。小さいところは絶対出しませんよ」と言われるのです。しかしそれはなんとかしなければいけない。売上に応じた方式でもいいからそういうことをしないといけない。

テレビは利用しなければいけないのですが、出版界は概してテレビと敵対化してしまっている。講談社がテレビと一緒にやっているのは、コミックのアニメ化だけです。ところが、アニメだけでは済まない問題がある。業界として何か動きをとらないといけないのではないかと思います。とにかく本に対する接触度をもう少し高める。図書館も何かしなければいけない。

松居　本は手でめくるものです。これがアニメやテレビと本質的に違う。

鷲尾　アニメが出版社側にとっていいのは、アニメ化で本を皆買ってくれるからです。アニメ化で本の売り上げが三倍、四倍になる。

松居　あえて私はしません。二番煎じになるから。

寺田　私たちの時代の読書体験だと、牧歌的といわれてもしかたないが、あまり広告などで本に近づくことはなかったですね。出版はマス・メディアの一形態でしょうが、本はやはり本屋で見て買うもので、あるいは貸本屋、古本屋で手に入れた。マスというのではなく、人から人への口コミで書名を頭に入れることが多かったですね。つまり、少部数の本に対応できるような広報と流通が、もっと準備されるといいと思います。

鷲尾 海外からの版権収入は相当な額です。十九世紀はオペラ、二十世紀は映画、二十一世紀はアニメというようなことすらいわれています。講談社も、かなりの版権収入があります。それがいいか、悪いかは別にして、そういうものをきっかけにして本に触れるようにする運動をしないと駄目な気がする。編集者はそういったことにも関心をもつ必要があるでしょう。

粕谷 しかしそれは、取次でもいい歩合をとっている大出版社がしなければいけない。

鷲尾 もちろんそうです。しかし講談社一社がそれを提供しても、ほとんど意味がない。これは本に関わる産業全体がしないと意味がない。

粕谷 僕はまず新聞社との提携が大事だと思う。記事にしてもらうことは、一番効果がある。広告出せ、広告出せって広報部とつき合うだけでなく、編集部とつき合わなければいけない。

鷲尾 僕らも学芸部や文化部とつき合いがあって、そういうコネクションを使っている。それはどなたも御存知のように各社はいま努力していることです。

粕谷 そうすると面白くて、書評を書きたくなるような本をつくらなければいけない。その上でうまくプレゼンテーションをしなければならない。官僚の新聞記者会見でも新聞記者が書きたくなるようにしゃべる人とそうでない人がいるわけです。

鷲尾 僕の知っている大きな出版社も小さな出版社も、記事になるような文章をつくったり、写真も添えたり、手紙を書いたり、新聞にとり上げてもらおうと思って皆、一所懸命試みています。だから学芸部だけでは駄目だ、社会部だ、家庭部がいいんじゃないか、などといっている。そういう努力はかなりしています。

5　流通システムの問題——再販制と委託制

鷲尾　流通に関して最大の問題は、再販制と委託制が疲れてきていることです。現状のシステムでは書店の利益の取り分は、価格の二割程度しかないわけですから、当然足が速く、宣伝がきちんとされる本を優先して置くことになる。一万円の本を一冊売るよりも、ベストセラーの千円の本を一〇冊積んで売る方が楽だということになる。再販制度と委託配本制度自体が変わらないかぎり、専門書店はなかなかできません。三割、四割の利益の出るものと薄利のもの、それらを書店さんの責任で売る。そういう自由があってもいいのではないでしょうか。ところが再販制度と委託制度では、書店は取次の配本パターンに乗らざるをえない。藤原書店がどれくらいの数かは知りませんが、例えば四、五百の書店に絞って送品するシステムに乗ることになる。その結果、責任をもってその本を売るということにならず、結局返品がふえてしまう。編集の問題が流通の問題になってしまうのです。

言うなれば今の制度は戦後のシステムをずっと守っているわけです。当時はそれが効率よかった。黙っていても本が来る。そして置いておけば誰かが買ってくれる。そういうスタイルで、努力して販売することはほとんどしなくても済んだ。おコメもどこでも売ることができる時代なのですから、書店も同じように開放されなければならないのではないか。講談社は再販制度でおそらく恩恵を受けている会社ですから、これを変えてゆくのはなかなか難しいことです。しかしこの制度も疲労していることは事実です。つまり本に対する需要はあると思うのですが、途中のプロセスが非常に悪く、読者に届かなくなっているのです。そういう問題は編集にも及んでいる感じを強く抱いています。

6　個性的な書店

粕谷　ただ、面白いのは、私の家の近くにも池袋のジュンク堂ができまして、ジュンク堂の社長の工藤さんともつき合いがあります。面白いのは、工藤さんが「うちは専門書で育ってきましたから」と言うところです。事実、ベストセラーをあまり置かない。しかし、ほかの書店にはない本がある。専門書や歴史本などが置いてあって図書館みたいです。一方、近くのリブロの方には、いま売れている本があるわけです。

そうやって書店も無原則でなくて、もう少し自分のポリシーを持ったらいいと思います。詩の本を売る書店がパルコにあったし、文庫だけの本屋が九州にもある。そういう工夫を少しはしないといけない。隣の本屋にあのベストセラーがあるのに、何でうちに持ってこないんだという、そういう見栄の張り合いをしている限りは駄目です。それから返品制度を変えるべきです。書店と取次と出版社の三者で首を絞め合っているわけですから。今は、皆一様に新書になっている。しかしそうすると新書しか売れないということになる。

松居　子供の本に関して言えば、銀座の教文館に「ナルニヤ国」という階があります。そこで売っているのはすべて子供の本です。全国から注文が来るので売り上げはどんどん増えている。ですからそういう特色を持たせれば、書店もまだまだ伸びる。

鷲尾　昔からの書店さんはあまり売れないにもかかわらず、ベストセラーを百冊持ってこいというふうにいうことが多い。極端なことを言えば、五冊しか売れないのに百冊入れて、残りの九五冊はいつ返品してもいいわけですから。もちろんそういうことは極端なはなしですが、いまの制度はそれは非常に無駄が多く、だから平均返品率は四〇％超える事態になるわけです。出版社にも特定の書店にしか出さないとか、自分の配本パターンでしか配らないという動きが出てきていますが、どうでしょうか。取次は金融も手がけている会社でもありますからね。

粕谷　とくに日販はひどい。出版界を駄目にした電通、取次の分析と批判をしたらいいと思います。本当にひどい。長銀と組んで兄弟でもって別の事業に手を出した。本業を疎かにしている。それで苦しいという。とにかく書店・取次・出版社の三者で本を売れなくしている。書店は安易に返品する。取次は金融業を営んでいる。出版社も、新書ばかりつくっている。これでは駄目です。

7　新しい流通システム

鷲尾　編集者はそうした流通のことまで考えなければならない。僕はいつも編集者に「プロジェクトX」だ、『プロジェクトX』みたいに新しいことを考えて本を届けるようなことも考えて本をつくって欲しい」と言っていたのですが、それがなかなか難しい。

粕谷　やはり自分で売らなきゃ駄目です。簡単に言えば取次依存は駄目。書店と直取引しなければいけない。貴重な本は、コンビニみたいなところで売る必要はない。たばこ屋に毛の生えたような、ジイチャン、バアチャンの店でも売らなくてもいい。ある程度、医学書を大事にするとか、文庫を大事にするとか、そういう工夫をする書店が必要です。

松居　書店が外売をなさらなくなってきたのです。私どもはそれで直接代理店を各都道府県につくりました。こどものとも社といいますけれども、販売代理店を全国につくったのです。

藤原　鷲尾さんの言う通り、再版制の問題がある。はっきり言ってしまえば、再販制そのものが崩れかかっているわけです。にもかかわらず高度成長のときに機能した制度がそのまま残っている。ある意味で制度疲労を起こしているわけですから、そのまま放っておいても崩れるのかもしれませんが、やはり新しい発想で出版界全体のあり方を考えなければいけない。出版者、書店員、それぞれが頭と体を使って読者に本を届けることを考えなければいけない。そういう時代に変わらざるをえないと思います。

鷲尾　その点で言うと、山口昌男さんの「中心と周縁」ではありませんが、変革は中央からは絶対起きないと思います。というのも大手はすべてを維持しようとする方向に固まらざるをえないからです。実際は自分たちも制度疲労だと思っている。それでいろいろなことを考えてはいるわけですが。

粕谷　松居さんのようなところがもっとたくさん出てくればいいわけです。藤原書店は周縁だから大丈夫です（笑）。

打開策のもう一つは他産業との提携です。ＪＲ東日本が雑誌を買った。そして今度新潮社が『旅』を買った。例えばソニーはハリウッドの映画会社を買っている。僕はハリウッドに騙されていると思うけれども。出版というのはそもそも規模が小さい。だから他産業との交流、連携する余地がまだまだあると思う。例えば東京で毎日行われている催し物と連携する。あるいは図書館を持つ病院などもあるわけですから、そうした病院と提携して本を売る。そうやって既存の流通システムとは異なる発想を持たなければならない。

鷲尾 あるいは逆に、クロネコヤマトの方から出版社にアプローチすることだってありえます。それから僕はセコムと一度交渉したことがあります。この会社は、全国のいろいろなプライバシー情報を持っている。どんな贈り物があったか、どういう人が住んでいるか、皆分かっている。それならば、そこにこういう本がありますと言って本を届けたらどうか。そういう交渉もしたことがあります。そうやって全く違うところから出発する以外になかなか打開策は見つからないのではないでしょうか。

粕谷 アメリカでは異業種でまったく出版のことを分かっていないような人が出版社を買うでしょう。それが経営を左右するから、アメリカの出版社も随分おかしいわけですが。

鷲尾 ただ、アメリカの場合、日本と違うのはエージェントが多いことです。エージェントから原稿を買いとるスタイルが発達していて、出版点数の半分くらいがそうだそうです。日本ではそれが発達していないので、ほとんど著者と直取引を出版者・編集者がしている。それが出版社における人件費比率の高さにつながる。仕込みから完成、刊行までかかりっきりつきあうことで、よいものも生まれる一方、コストの面で合わなくなっているところも少なくない。大型企画などで、外部プロダクションに依存するよりも、ひとつひとつに愛情をもって著者と接するエージェントという機能はもっと導入されてもいいように思えます。とりわけ文芸に関してそう思えます。

2　読者とは何か――読者は必ず存在する

1　読者の減少と出版の危機？

鷲尾　一方で読者の変質もとても大きな問題だと思います。確かに本を読む人はいる。確実にいると思いますが、それが比率的には少なくなっている。僕は、著者と読者を育成するのも、編集者の一つの大きな仕事になってきているような気がします。そのようなことをしないと出版社は持たないのではないでしょうか。

例えば中根千枝さんの現代新書『タテ社会の人間関係』はもう百万部を超えている。そういう本は各社にもあるのでしょうが、そういう本の売上もここ十年来次第に落ちている。その変化が激しいので不安です。趨勢として変化しているならばいいのですが、今まで一万部くらい毎年重版が出ていたのが三千部くらいしか出ない。うちの社の児童物もそのように聞いています。

寺田 少子化の影響なのでしょうか。

鷲尾 少子化という問題もあるし……これは理由を考えないといけない気がします。

寺田 子供文化の変質でしょうか。

鷲尾 そういうこともあるのかもしれません。

松居 私は子供の本質は変わらないと思います。漫画も出て、アニメも出てくるけれども、子供の本質は変わっていない。だから子供の本質にできるだけ合うようなものを考えて手を打てば競争に勝てると思う。

寺田 お子さんが、やはりリピーターになるということですか。

松居 そうです。それはたくさんの読者を見ていて、よく分かります。子供のとき読んでもらった方は、親になると懐かしいからと書店で買う。自分が読んでもらった絵本を買って我が子に読んでやります。

2 口コミが一番

松居 読者との関係がいかに重要かということを、私は一九六四、五年ごろから気がつきました。私は学生時代から岩波のファンでしたので、岩波書店がどうしていい本を出せるのかを考えたのです。考えてみると読者の信頼感があるということが分かりました。岩波の本なら無条件に買う人がたくさんいたわけです。岩波書店には読者、しかもほとんど固定した読者がいる。それでそのような読者をつくらないことには、仕事はできないと感じました。福音館の本の読者層を何とか形成できないかと一所懸命考えていたとき、幼稚園の園長先生が「君、そんなに一所懸命本をつくっているけれども、お母さんはなかなか分かっていない。自分で説明しなさい。お母さんを集めてあげるから、自分でどういう考えで本をつくっているのか、きちんと説明しなさい」とおっしゃったのです。そうおっしゃったのが南三鷹教会の牧師でもあるフィッシャー幼稚園の久山園長でした。

それで私は初めて、七、八〇人のお母さんの前で自分の気持ちをお話ししました。そうしたら、本を買ってくださる。これはいい方法だとその時に思いました。それから話しに来てくれと言われるようになり、幼稚園、保育所に講演しにいくようになりました。すると読者層が目に見えて広がっていく。やはり口コミが力です。

3　自ら売り、読者を知る

松居　それで私は、編集者は机に座っていたのでは駄目だ、やはり自分のつくった本は自分で売ることだとよく言います。編集部の人が「営業部が売ってくれないから」ということを言うから「自分で売ればいいじゃない」「読者に会いに自分で行きなさい」と私は言う。自分のつくった本はやはり自分で売らなければ駄目です。そういうふうに読者を知ったとき、読者が何を求めているかもおぼろげながら分かります。どの本に不満があるのか。どの本に満足なのか。そして実はもっと別のものを読者は求めているのではないかということを、顔を見ていれば分かります。ときどきヒントのようなことを口にされる方もいます。そういうヒントを考えると、ああ、こういうものを求めていらしたのかと思ってつくったりします。そうするとやはり読者とのつながりは深くなっていく。

実は私は、稚内から小浜島まですべて知っています。日本の中で行かなかった県はありませんし、ほとんどの都市にも行っています。岩手県の山奥でも木曾の山奥でも島々へも、私はどんな辺鄙なところでも読者のいらっしゃるところには出かけてまいります。だからもう年中出かけております。

藤原　編集者は本という商品をつくるわけです。当然それがどのように読者に届くのかということを抜きにして編集はないわけです。松居さんが、自分でつくった本は自分で売るということをおっしゃいました。これは恐らく出版の原点ではないかと思います。つくったものをどうするか。ほとんどの出版社が自分がつくった本を取次や書店などのよその人に任せっきりにしている。自分がつくったものは自分で売るというのは、非常に大事な発想だと思います。

松居　私の講演活動がどれくらいの宣伝費に相当するかを電通で計算されたことがあるそうです。そうしたら電通の方が「計算はできなかった。要するにあれは歩く広告塔だという結論になった」と言われました。宣伝活動は、お金でははかれない。私はそのような経験のおかげで本当に、どこにどういう読者がいらっしゃるか分かります。個人名で分からなくても、あそこにあの人がいると分かりますから、そういう人たちが喜ぶ仕事をしたいと今でも思います。

読者を知ることは、市場調査と同じです。月刊誌の創刊号を出すとき、社内会議で部数をどのくらいにするかを話し合います。そのとき電通か博報堂に市場調査を頼もうかということになることもありますが、「頼まなくてもいい。僕の方がよほどよく知っている」と大口をたたいたりします。月刊誌の創刊号の発行部数に関しては、ほとんど外れたことがありません。ぴたっと当たります。これはありがたいことで、見込みが少なすぎ増刷したことはあっても、大きく外れたことはほとんどありません。

4　読者をイメージできるか？

松居　編集者はやはり読者を知らなければいけない。これはとても大切なことです。そもそも出版社は読者に支えられているわけです。読者のおかげで出版という仕事は成り立っているという原点を常に認識していなければならない。福音館書店は今でも私だけではなく、編集者や何人かの専門家の方にもお願いして一年間に千回くらい講演活動をおこなっております。不得手な編集者には無理に行けとは言いませんが、自分のつくった本をどうしても分かってほしいというのだったら、「では、行ってきなさい」と私は行かせる。そのおかげで、買い切り制を今でも維持しております。

鷲尾　売ることについては松居さんのお話の通りだと思います。

藤原　講談社では編集製作と営業が完全に分業体制になっていると思いますが……。

鷲尾　基本的にはそうです。例えば、介護の本などを企画したことがあります。お年寄りが多くなっているのだから必要だろうと思ったわけです。しかし本屋さんの反応はとても冷たかった。というのも必要としている人は本屋に行けない方々ばかりですからね。ではどうするか。いま松居さんがおっしゃったように、著者の先生と一緒に講演会を開きそこで売りさばこうと方針を固めました。『新しい介護』（大田仁史・三好春樹監修、二〇〇三年）という三八〇〇円の書籍が確実に動いたのです。売れると分かると書店さんも動きはじめるのですね。こういうことを考えないと持たないのではないかと思います。

5　販売現場までイメージできるか？

鷲尾　ただしすべてについて福音館のような形はとれません。自分で個人的に売るわけにはいかない。

松居　私どもも販売そのものは書店や代理店にまかせます。しかし、やはり本をどう売るか。このことを編集者は常に考えるべきです。

鷲尾　確かにおっしゃる通りです。編集長時代、僕は編集会議で「この本は本屋のどのあたりに並ぶ？」とよく言っていました。どこに並ぶのか。小説ではないし、ジャンルが決まっているのだから、どの辺に並ぶのか。例えばジュンク堂やリブロのどのあたりに並ぶのか。平積みになって、メインのところにどんと乗るのか、それとも棚差しになってしまうのか。それが答えられない企画は具体的でない。これは平積みでどんとやる。だから一万五千部くらいからスタートできる。あるいはこれは三千部でこの辺の端っこの棚に並ぶ。そうしたことを想像できないのであれば、プランとしてリアリティがない。プラン会議では流通まで考えねばなりません。

藤原　編集者には、本の仕上がりについて、初めからかなりクリアなイメージを持つことが求められますが、それだけではなく、どのようにそれが読者に伝わるのかというところまでイメージを持たないといけないのだと思います。

鷲尾　本をつくっても自分で本屋に行かない人がいます。なぜ各社が新書ばかり作るようになってしまうかといったら、その枠組みに入ればどんな本でも並ぶからです。以前は、新書はかなり特色のあるものでした。しかし今は新書という入れ物になってしまう。新書に入れば、一応棚に並ぶのですから、編集者としては楽です。だから各社のほとんどが参入し、食い合いになっている。新書は今の過渡期の出版を象徴していると思います。連載したものでもすべて新書にしているのですから安易です。しかもかなりの比率でしゃべったものではないでしょうか。

寺田　語りものが多くなりましたね。

鷲尾　しかも困ったことに、そちらの方が売れたりするのです。

松居　でも長く売れるかな。

鷲尾　新書をつくっている人は松居さんとお考えが違うのです。瞬間風速で売れればいいという発想で、そう考える人が出版社全体では多いのではないですか。

寺田　特集雑誌の役割を果たしているのですね。

松居　しかしロングセラーがないと、経営者は苦しいはずなのですが。

6　時代の変化と読者

鷲尾　僕らの時代にはまだゆとりがあったために、よく分からないけれども、とにかくやってみなさいというところがありました。逆に言うと、分かってしまうと「そんなもの儲からないからやめろ」と言わざるをえない。「いいんじゃないですか、いい本ができれば」というゆとりがいつも欲しいですね。そういうことがどこまで続くか。

子供のためにいい本だからといってもそういう気持ちがいつまでも続くかどうか。児童書もどんどん数字が下がっていますよね。

松居　いい本というのは、子供にとっていい本でないと駄目なわけです。子供にとっていい本というのは、子供がちゃんと喜ぶ本。そうすれば親が喜ぶ。

鷲尾　そこが大人の本と違う点です。いい本でも売れないことがいくらでもありますから。

松居　だから僕は、子供の本質は変わらないと思うのです。人間が言葉を覚えたり本を読んだりするプロセスは、そんなに変わらない。そこをしっかり押さえることが大事だと思います。

ですから「読まない」のではなくて、「育つ過程で読めないようにしてしまった」のです。

寺田　文学の場合はそこがちょっと難しい。

松居　そうだと思います。

寺田　文学というのは、やはり時代によって変質します。漱石、潤一郎、荷風の時代がずっと続いていればいいのですが、それは変わるのです。言葉も変わりますし、人間も変わります。ただ、また昔話で恐縮ですが、もともと文学は少数者のものであっても少しもかまわないのですね。だから、少数者でも成り立つような原価と売上の関係ができるといいと思う。文芸出版で部数を競うのは、もう無理だし、無意味ではないでしょうか。

鷲尾　ドストエフスキーを読む人が必ず一定数いたわけですけれども、いまドストエフスキーなど読む人がかなり少なくなってきています。読まないのが悪いと言えば悪いのですが、変わってきたことは事実です。

寺田　しかし文学があることはあるのです。少数者に支えられているものもあるし、いろいろと多様化しています。

7　読者を育てる図書館

鷲尾　遅ればせながらですが、講談社も「全国読み聞かせ隊」のようなものをしています。車を出して幼稚園に行く。よその本なども一緒に福音館の本も随分そこで読み聞かせているそうです。児童書に限らず、出版業界全体が読者を育てるということをしないといけない。

松居　それが本来、図書館の仕事ですし、書店の仕事なんです。

粕谷　僕も、いま図書館プロジェクトに携わっています。それで図書館の構造がよく分かった。東京都が一番ひどい。二三区の図書館はホームレスのたまり場になってしまった。

松居　それに専門職の司書がいない。

鷲尾　予算をアンケート主義で消化するものですから、人気の高いものだけ入る。難しい本は入りません。

粕谷　今日本の町の図書館は貸本屋かつ倉庫になってしまいました。ある時、「要らない本だけれども、もったいないから図書館にあげる」と言ったことがありますが、「今は一杯なので要りません」と言われた。「一杯だから要りません」といわずに、本を替えたらいい。図書館も新陳代謝が必要です。ですから「一杯だから要らない」というのはおかしい発想です。新しい本に対する目が常になければいけない。

松居　浦安市や恵庭市や太子町の図書館みたいにすればいいのでしょうが。

鷲尾　図書館は予算で縛られている。もう一つは、どれほど貸出が多いかということを争っている。作家の方も問題にしていますが、そうするとベストセラーをたくさん買うことになる。百冊買って、それが何回転したかという発想になる。当然難しい本など入るわけがありません。

粕谷　それはひどい話だ。図書館では、本の選定が一番大事なのです。それなのに図書館長が、この前まで清掃局にいたというような状況です。

松居　海外に行きますと、私はまず図書館に行きます。そしてどの本が子どもに読まれているかを聞きます。出版社で聞くよりその方がよほど客観的です。

鷲尾　アメリカの出版社の人が訪ねてきて、時折会うことになるのですが、人文系の出版社に、どういうふうに本を出しているのかを訊ねると「我々は図書館相手につくっています。図書館に入るような本です」と答える。「それは市中に出ないんですか」と言うと、「市中にはほとんど出ません」と。それでも数千部とか一万部もつくれるという。それだけ図書館が買うことになっている。びっくりしました。

粕谷　書店と取次と出版社だけではなく、もう一つは図書館を巻き込まないと、出版界の再生はない。

8　図書館と政治

粕谷　図書館は東京都が一番悪い。ただその中にもいいところがある。町田市の図書館とか、有名な浦安市の図書館です。館長の常世田良さん（『浦安図書館にできること――図書館アイデンティティ』勁草書房、二〇〇三年を参照）にも会いました。なぜ彼のところはいいと言われるのか。それは議会および市長がよかったのです。今はそれですっかり評判をとってしまったものだから、現市長も尊重せざるをえなくなった。図書館の方は図書館の方で議会と市長に対するサービスとして新聞の切抜を毎日送っている。だから、あそこは予算をつけた方がいいということになった。それは、最初の市長が立派だったのだと思う。住みよい分譲住宅地にしたいと思い、乱開発をさせなかった。だから、かなり高級なサラリーマンが浦安に来るようになった。それで図書館の利用率が市民の六割にのぼるという。皆図書館に行っている。図書館に通う人は、自分でも本を買うようになります。

寺田　二、三館の図書館を回って、探していた本に出会った時は頭を下げたくなる。

粕谷　いま浦安には大型書店がいくつもあるそうです。図書館に行く習慣がついた人たちが、今度は自分の目で本を買いに行くことになる。

松居　浦安の図書館は司書もいい。

粕谷　ところが公共図書館は皆だいたい官僚でしょう。それが問題です。彼らは、ほかの世界を何も知らない。自分たちの世界だけしか見ていない。あれは官僚だからです。

粕谷　僕が一番最近感心したのは、紀伊国屋の松原さんの「私の履歴書」の中にあるマクミラン首相にサッチャー首相が紀伊国屋に来る話です。やはりそれくらいのことをしなければ、知的な政治はできないと思いました。日本の首相で、海外に行ったときに出版社や書店に行くような人が何人いるのだろうか。そこから始めなければいけない。行くまねだけでいい。読まなくてもいい。しかし本屋に行って話を聞くくらいの品位がなければいけない。

鷲尾　一番本屋に行った政治家は橋本龍太郎さんだろうといいますね。

粕谷　それから昔は、前尾繁三郎さん。ただ彼は本好きだったから首相になれなかったと言われています。堺屋太一さんが知価社会や知的財産権と言うけれども、むしろ知が重要である、ということを政治家が行動で示したらいい。なにしろ政治家は国会図書館を全く使っていない。使っている人も中にはいるようですが、例外です。ですから国会が国会図書館に課題を与えていないのです。聞いてみたら、民主党の人はたまに来るけれども、自民党の人は政策をすべて官僚につくらせている。それでいて政策作成のためのスタッフ、政策秘書を雇う名目でべらぼうな金をとっている。しかもその国会図書館長が天下り。年俸は三一〇〇万円だという。馬鹿げています。

松居　衆議院か参議院の事務局からの天下りでしょう。

鷲尾　昔、金森徳次郎が館長でしたね。

粕谷　羽仁五郎が国会図書館をつくれといったんですね。

鷲尾　そういうところに、本来、編集者出身者を入れなければいけない。

粕谷　だから国会図書館長が天下り先というのはおかしいと提案しています。大学でも、大学図書館長が学長を補佐する第一の人であってほしい。そうすると、徐々に図書館というもののステイタスも高まり、本に対する敬意も生まれてくるでしょう。やはり図書館長には格式のある人に務めてもらいたい。

松居　アメリカではブーアスティンみたいな人が議会図書館長になるわけですから。

鷲尾　粕谷さんは東京都に対して力を持っているわけですから、何とかしてほしい。

粕谷　じゃんじゃんやろうと思う。

鷲尾　石原慎太郎知事になってからひどいと聞きます。

粕谷　東京都だけでなく国会図書館もひどい。首相が少しは図書館を利用するふりをすればいいのですが。

鷲尾　小泉首相はオペラとか歌舞伎は好きですが、本も好きなのでしょうか。

粕谷 彼は直感的に物事を言うけれども、自ら行うことを言葉で説明できていない。日本全体がもう少し知的になるには、本を大事にするという非常に単純なことから始めなければいけないと思う。

この間、金沢文庫に行ってきました。北条泰時の時代に北条実時という本物の本好きがいて、それでできたのが金沢文庫だということでした。ですから泰時としてみれば実時に相談しながら政治に携わればいい。つまり、昔から政治家は知的な人間からいろいろと情報を得ていたわけです。それから僧侶もいました。元に滅ぼされて宋から日本に亡命した坊主が……僕は禅宗の坊主というのは何ということはない、坊主から情報をとっていたのだと思う。元が攻めてくるときに、北条時宗が円覚寺や何かをつくるでしょう。あれは禅の内容だけでなく情報を学んでいたということでしょう。

ですからイラクにしろテロにしろ情報収集を国会図書館に命じて、いい情報を出させたらいいと思う。

9 母と子を結ぶ仲立ちとしての絵本――ブックスタート

松居 今私はブックスタートに携わっています。これは一九九二年頃にイギリスのバーミンガムから始まったものですが、赤ちゃんが生まれると、その赤ちゃんとお母さんに自治体が保健センターでの乳児の健康診断のときに、図書館と協力して絵本を二冊ずつ、予算から出して手渡す運動です。本にまったく縁のない人というのが相当いるからです。したがってイギリス国籍の人でも外国籍の人でも、二冊ずつ赤ちゃんの絵本を渡します。そうすると、お母さんも初めて絵本を手にするわけです。その本を仲立ちにして、喜びを分かち合う運動がブックスタートです。これは読書運動ではありません。お母さんが赤ちゃんに何か語ると赤ちゃんは喜びます。お母さんの声は特別です。赤ちゃんが喜べばお母さんも喜ぶわけです。つまりお母さんを幸せにする、お母さんに幸せを感じてほしいという運動なのです。

そんな話を聞いたものですから、二年前に日本でブックスタートを始めました。いま日本の自治体の六百以上がブックスタートを行っています。自治体としてお金を出し、絵本を買う。出版社も本を特別の価格でＮＰＯブックスタートを通して提供している。そして保健センターと図書館とボランティアとが協力して、母子に手渡すのです。これは、本をあげる運動ではありませんということをちゃんと説明をして、お母さんと赤ちゃんに言葉を添えて本を渡す。これは今、急激に広まっています。僕らも、赤ちゃんのときからといった展望まで持って関わっていかないと、出版もおかしくなるだろうと思います。だから僕は何としてでも、子供の本をつくります。

3　出版とは何か――「家業」としての出版

1　経営と出版方針

粕谷　今の出版社を見ていて気になるのは、例えば講談社なら誰が経営者なのかということです。文藝春秋の社長はどれだけ文藝春秋の出版物について自分の意思を貫けているか。岩波書店にも同じことが言えます。

鷲尾　うちは編集長がかなりの決定権をもっています。

粕谷　そうでしょう。貫いているのは藤原書店と幻冬舎くらいです（笑）。

鷲尾　いくら編集に社長が言っても「こんな記事使えません」と言ってすぐ終わります。入社試験もまったくコネがきかない。社長が「この人どうでしょうか」と言っても「いや、駄目ですよ」ですべて潰される。そういう点では、出版社は近代化しています。

粕谷　潰れようとどうであろうと、「これを出したい」という人が経営者に座っていないところは、その出版物や出版社としてのキャラクターがはっきりしなくなります。岩波もそうなっている。

松居　ただ、私の場合は、先程申し上げたように、社長になってからは、編集のことには口出しいたしませんでした。うるさいだろうと思うのです。「僕の顔なんか見るな。読者をみて自分で考えなさい」と言っています。聞かれればいくらでも意見を申しますけれども、社長はやはり経営者なのですから。それで編集が独立するようにいたしました。だから福音館書店では、編集は独立性を持っています。社長といえども安易に干渉しない、これは社内の共通認識になっています。

2　ベストセラーよりもロングセラー

松居　経営の問題について言えば、ロングセラーがないと経営は非常に苦しい。私どもの場合、来年それぞれの本がどれくらい売れるかということは、ほぼ推計ができます。

私どもは、子供の本をつくっています。子供のときにある本を読んで非常に好きだったとか、そういったことはすぐ忘れてしまうのですが、自分が親になったときに思い出します。絵本を読んでもらった経験のある大人は、割合当たり前のこととして自分の子供に本を読んでやります。そのとき、自分が読んだ本を思い出して買うのです。それで子供の本には周期があって、ずっと続いていく。最も典型的な例が、イギリスの『ピーターラビットのおはなし』というポターの絵本です。あれは百年前の本です。一九〇二年に初版が出て、今でも同じように売れる。これが子供の本の特殊なところです。

藤原　本当に大事なのはベストセラーよりもロングセラーということですね。『いやいやえん』などは何年くらい前のものですか。

松居　一九六二年初版です。それで毎年一万部以上売れています。そういう本がほかにもかなりあります。百刷以上の本もあります。

鷲尾　福音館は売上でいうと新刊と重版の比率はどれくらいですか。

松居　書籍では重版の方が多い。少なくとも五〇％以上は重版です。新刊と重版について申しますと、本年度の新刊点数が四九点であったのに対し、同じタイトルで年間に数回重版するのも入れて、重版は一二五一回でした。

鷲尾　非常に健全ですね。講談社では、書籍だけでいうと、新刊（一年以内）と重版の比率は恐らく八対二に近いのではないでしょうか。おそらく岩波でも、似たようなものではないですか。新刊の比率が圧倒的に高くなってきています。

例えば、講談社学術文庫に関連した仕事をしていたとき、最盛期で重版が七で新刊が三でした。いまや五対五に近くなっているはずです。新書では、七対三くらいで、新刊でしょう。単行本は、さらに新刊の比率が高い。

松居 私どもの場合、来年度の売上推計というのは、結果とほとんど合います。

鷲尾 福音館のケースは、少し特異だと思います。藤原書店でも新刊が圧倒的に多いでしょう。

藤原 新刊の比率が高い。ロングセラーの本も割とあることはあるのですが、それでも新刊の割合が高くなってきました。五対五ぐらいでしょうか。

寺田 書店が商品の回転数を気にして、棚にある本は新刊中心になり過ぎている。読者もそういう風潮にならされてしまって、一年前に出た本はもう本屋では買えないでしょう。

鷲尾 それと以前は、重版は利益率が高いとよく言われていましたが、しかしいまやそれほどではなくなりました。

昔は小ロットでも安くできました。しかしいまや小ロットでは逆に高くつく。例えば五百部と千部では製本代がほとんど変わらないのです。ですので重版でほとんど利益が出ないことがありえます。品切になっても重版に踏み切ることが非常に難しくなる。五百部くらいの重版ができにくいこともありえるのです。例えば一五〇〇円くらいの本を、千部以下で重版することは原価計算上、おそらく不可能なのではないか。

千部くらいなら重版できそうでも、一五〇〇部つくらないとペイしないとなると、結局、見送ることになる。そうやって売れている本も売れなくなるということが現実に生じるのですね。

藤原　その点、うちの場合、再販以降を見込んだ定価にしています。

鷲尾　定価を少し高く設定しているでしょう。本当は、重版のときに、逆に初版の定価から値段を上げたいくらい……。

3　出版社の適正規模

藤原　部数だけでなく質にこだわり、ポリシーを持った出版をしていくためには、その出版社にとっての「適正規模」というものを考えなくてはいけないと思うのですが、その点はいかがですか。

鷲尾　意思を貫徹するには二〇人から三〇人がいいところでしょう。

粕谷　松居さんのところはいま何人ですか。

松居　一五〇人です。大きくなり過ぎました。

粕谷　僕が中央公論社に入ったときは八〇人だった。あれはよかった。社長室は別にあったけれども、大部屋方式でフォードシステムだと営業も編集も顔がすべて見えました。

松居　そのくらいがいいと思います。

鷲尾　僕も百人までだと思います。

例えば講談社のように大きな会社だと、一階違うだけで一カ月くらい顔を合わせないこともざらにあるわけです。そうなるともう出版社とはいいにくいですね。だから藤原書店みたいなのがちょうどいい。顔を見て、電話の応対が聞こえるくらいでないと本当は駄目なんではないでしょうか。コンピューターが導入されて、会社の規模も大きくなって産業化してしまうと、お互いのコミュニケーションがうまくいかず、情報の共有によってプラスアルファが生まれる部分が少なくなる。アメリカ的というか、ヨーロッパ的というか、一人が一人で仕事をして横にはつながらないというスタイルになりつつあります。これは問題です。それにしても福音館が一五〇人というのにはびっくりしました。

寺田　文芸は、一〇人で十分だと思います。一〇人以上は要らない。文芸の場合、商品価値というものは、そもそもあるのかどうかよく分からない。この間若い人が芥川賞を受賞したというので話題になりましたけれども、情報価値をすべて抜いてしまえばほとんど商品価値はない。つまり実質的な価値は何もないのです。文芸はそれこそ虚業中の虚業です。ですからそうした虚業が大きな産業になることなど、根本からおかしいことなのです。

僕らの頃の文芸は、一種の文学運動でした。文学運動というわけですから、商品になること自体を疑うような気持ちで仕事をしていたわけです。ところが文学作品が売れてしまう道筋ができてしまう。ベストセラーが出たりして売れる道筋ができてしまった。そうすると皆が売れる道筋の方向へだけ行こうとする。だけど本質はそうではないのです。その本質に戻る機能を出版社が持っていればいい。そういう本質的な機能を誰かが持つ。例えば、常にどこかで商品価値をふくめて質的な見きわめがなされ続けていなければならない。かつては批評が多少はその役割を果たしたのですが、それもなくなった。そうなれば当該出版社か業界全体でそのような機能を保持することを考えなければならないと思います。そういうことをどこかでやらないと文芸は雲散霧消してしまう。文学は時代とのかかわりかた次第で、ありようが変わっていくわけですから、商品としては必要ないということになるかもしれない。

4　志に始まり、志に終わる出版

鷲尾　例えば『群像』は年間でかなりの赤字です。単行本がそこから出るといっても単行本自体もほとんどいま赤字です。そうすると会社でいえば他の利益が文芸に回るわけです。それでも文芸の編集者が、おれは給料半分でいいということにはなっていない。そのジレンマがずっと残ります。『群像』は講談社では特別扱いだから赤字の幅のことは誰も言わない。しかし他の利益が減ってきて、『群像』の赤字と近くなれば、どうしようかという話は当然出てくるでしょう。しかし、文壇とか文学という外部があると、なかなかそこをやめられない。河出であれば休刊しても構わないのでしょうが、講談社はやはり休刊できない。『新潮』も『文學界』も同じことではないですか。

これは『群像』編集部にもジレンマであるわけで、一所懸命経費削減をしても、売れても赤字は減らない。販売部数の割には宣伝をかけざるをえない。最後の方は僕も経営の端っこにいましたから、そういう話が始終出てくる。「こんなに赤字なのだから、やめてもいいんじゃないか」と言う人が出てきてもおかしくない。もちろんいまはまだ「いや、そんなことはないよ」という意見が多数ですが、もしかしたらそのような意見が少数になることもありえます。

粕谷　すると最後は、寺田さんのような熱意が重要だということです。僕は感心してしまう。福武に行って、朝八時に出勤し、社歌を歌う（笑）。福武が社歌を歌っても僕はちっとも驚かないですが、寺田さんが歌うことには驚きます。

鷲尾　文学のために歌うわけですね。

粕谷　寺田さんのように文学のためなら何をしてもいいという人がいなければ、最後はもう駄目です。

鷲尾　講談社が万が一『群像』をやめるとき、おれは会社を辞めて文学活動をするという人がどれほどいるか。そういう人がいないと、やはり困りますね。でもそういう人はどのくらいいるのかなあ。

粕谷　極端に言えば、書肆《しょし》山田がある。あそこは夫婦だけで経営している。僕の家の近くらしいのですけれども会ったことはない。志を貫けば、最後はああなるのではないでしょうか。

鷲尾　そうすると講談社を百ぐらいに分けなくては……。

粕谷　結局、出版というのは本来「産業」ではなく「家業」なんです。僕らから見ると、講談社は朝日新聞社より実質は大きいのではないか。ただしもう出版社というよりもコンツェルンだという感じがします。

4　編集者とは何か——編集者の資質

1　サラリーマンでは務まらない

粕谷　講談社の重役の加藤勝久さんに怒られたことがあります。「講談社みたいにアウトソーシングで下のプロダクションをあんなに使っているのでは、講談社は置屋じゃないか」と僕が書いたものだから。そのとき加藤さんが言ったのは「いや、社員にやられると金がかかってしょうがないんだ」ということでした。

鷲尾　講談社は、アウトソーシングの比率は小学館より圧倒的に少ないのではないでしょうか。自前で仕事をしている割合が高い。小学館、集英社の方がビジネスに徹底しています。

松居　出版社もタイプがいくつかに分かれるということでしょうか。その方がいいのではないか。

鷲尾　若い編集者ともよく話す難しい問題は給料です。「おまえ、編集者になりたくてなったんだろう。もし給料二分の一にするとなったら、それでもこの仕事を続けるか」と言うと、このところがむずかしくなる。昔は全員が貧しかったから、それでもよかった。今は豊かですから、給料を二分の一にされて仕事を続けることにはみな躊躇する。例えば講談社の書籍事業は、全体を見れば赤字です。しかし給料を二分の一にしたら黒字になります。人件費比率がとても高いわけですから。そういうことも考えなければいけない時代に来ているのかもしれません。「もういいじゃないか、儲かっていないところは給料を三分の一、儲かっているところは給料を上げる。」と。社内でも給料が違っていいのではないかという発想も必要かもしれません。問題はそれでも編集をしたいという人間が存在するかどうかだと思うのです。

寺田　なかなか刺激的な発想ですね。

粕谷　過渡期の経営者の仕事の一つは創意工夫だと思う。もう一つは、仕事をつくること。さらにもう一つは、リストラを恐れないことだと思う。やはり肥大化したままでは何も変えることはできません。スクラップ・アンド・ビルドというのは、いたるところで必要です。切った人たちをどうするかということも、また工夫が要ると思う。しかし現状では、人が多過ぎるということは明白です。人件費と管理費が経営を圧迫しているわけです。

鷲尾　管理部門の人数が増えますから。

粕谷　経営を改善しないととてもやっていけません。

鷲尾　コンピューターが入ると間接部門がどんどん増えて、編集実務の人間が少なくなる。逆にいうと、そういう間接部門の人間は傷がないために、偉くなってしまう（？）。

粕谷　今は皆、総務部の連中が社長になる。

寺田　スタッフ部門の人は気をつけないと官僚的になりがちですね。官僚的な人間が、どうしても出世するわけです。

粕谷　外国では、アシスタント・エディターと企画に対して権限を持ったチーフ・エディターの違いがはっきりしています。やはりアシスタントの期間がなければいけない。

藤原　日本ではそういった期間がありません。

粕谷　大学を出て出版社に入れば「おれは編集者だ」と思っている。そんなことはない。

松居　それは「編集部員」にすぎない。

2　時代の危機と編集者の危機

鷲尾　編集者の資質みたいなものも関わっていると思います。かつては、成績が悪かったかもしれないが、学生運動や左翼運動に加わっていたりして、世のために何かをしたい、本を通して貢献したいという気持ちがあって、編集者になったわけです。ところがそういう時代ではなくなった。もちろんどうすれば世の中に貢献できるか自体よく分からなくなった時代に、単に若者に向かってそういう気持ちを持てと言っても始まらない。非常に難しい問題です。

粕谷　今の時代の変化というのは、それこそ文学やジャーナリズムの世界だけに限られることではない。一番はっきりしているのは年金制度です。ある人によれば、福祉国家が実現し、日本は世界で最も社会主義的な国家になった。それが、ある時期の日本における年金の体系の完成です。厚生省に僕の先輩がいて、彼が実質、厚生年金制度をつくったらしいのですが、社会保険庁絡みの事件で後輩が捕まってしまった。言ってみれば、一度できた福祉国家がいま壊れつつある。そういう変化は、変化というより崩壊現象だと思う。だから出版界における崩壊現象というものも、出版界だけの問題ではない。金融界の崩壊、年金体制の崩壊、医療制度の崩壊……出版の崩壊もそういう崩壊現象のうちの一つだと考えなければいけない。

寺田　確かに崩壊現象は社会全体にいえることですね。

粕谷　そのうち最も大きな社会問題はフリーターが四百万人もいることだと思います。さらに深刻なのは、年間三万人の自殺者。今こうした問題に対する自覚的なとり組みがまったくなされていないのです。

鷲尾　イラクで誘拐された日本人の問題を「自己責任」ということで片付けるように、他人に対して厳しくなってきている、いやな状況です。

「編集者の危機」は、そういう時代状況の危機でもあるわけです。以前の出版界には、環境こそよくないけれども、志だけは皆高く、いい意味のエリートの自覚があった。それもまったくないところで、一体どうやって編集者を立て直せるのか。これは結構大変なことではないでしょうか。入社してくる若い人間と話をしても、まったく話がずれる。

粕谷　高度成長が人間にとってよかったか、悪かったか。ある歴史家が、成金というのは問題だと言いました。経済が急速によくなることは、人間を下品にする。戦前からそうです。

鷲尾　ただ、貧しい方がいいと言ってもこれはどうしようもない。もう後戻りはできない。うちの子供たちは、食えなくなることがあるなんて少しも思っていません。

粕谷　しかし実際に家計が崩壊して、アルバイトをしないと大学を出られないような家庭も結構あるのでしょう。

鷲尾　そういう時代の中で編集者をどう育てていくのか、ですよね。

松居　フリーターの人の方が、潜在的な可能性を持っているかもしれませんからね。

寺田　今でも若い人は、理想とか志とかは持っている。その部分を生かす環境があまりにもなさ過ぎるから、引っ込み思案になっていくのでは。

鷲尾　そういうものを持っているような人は、入社試験に受からない。

藤原　先ほど松居さんが、「就社」ではなく「就職」なんだと言われました。出版業界というのは、他の業種に比較して、業界全体で二兆二千億円というとても小さな業界です。しかし、数字としては小さい業界ですが、そうした規模以上に社会において存在意義を有していた。しかしこの業界も高度成長の中で「産業化」してきてしまったわけです。だからこそ「就職」ではなく「就社」という意識で人が入ってくる。しかし出版社も、業界全体も明らかに崩壊の途上にあります。銀行が潰れ、大企業も多々倒れました。出版界ではまだ大きなところは倒れていませんが、ほとんど死に体のようなところも出てきている。今は過渡期で、倒産するところはこれからたくさん出てくると思います。

粕谷　過渡期であっても、永久に真っ暗ということではないと思います。人類が生存する限りは本の好きな若いお母さんも育つし、子供たちも育つと思う。

松居　育ちます。必ず帰ってきます。

3　人気出版界に集まる不要な人材

鷲尾　ただ不思議なのは、そうした厳しい状況にあるはずの出版業界は、依然、就職先としてとても人気がある。そうなるとどうしても偏差値的に人が入ってくるわけです。寺田さんみたいなことは今はありえません。編集者に向くかどうかは問題にならず、勉強のできる優秀な子が入りがちです。

僕らの頃には学生運動をしていたり、成績が悪いとか、そういう人しか来なかった。今は面接で他にどこを受けているか訊ねると三菱東京銀行や野村證券を一緒に受けていたりする。そしてそういう人たちが試験に受かる。変わった人はとりたくないということになってしまう。

粕谷　文藝春秋にしても、皆給与がいいから行きたいわけです。講談社もすっかり大企業だから偏差値の高い人が来る。しかしそういうのでは駄目です。本当に本好きな人でなければ務まらない。そういうことを続けていれば、いずれしっぺ返しを喰らうでしょう。

鷲尾　しかし数値化するスタイル、部数主義を若者自体が身につけてしまっている。そうすると売り上げだけ見て、「何だ、こちらの方が偉いじゃないか」となってしまう。もちろん志のある編集者がいて、『群像』と『フライデー』は違うんだよ」と言うのでしょうが、それでも次第に部数や数字ばかりが幅を利かせるようになる。

寺田　しかし鷲尾さん、マス神話を逆転させればいいのではないでしょうか。

鷲尾　具体的にどう逆転させていくか。

寺田　それもふくめて経営者の器量ということではないでしょうか。

鷲尾　そうですが、数字というのは一人歩きするものです。

寺田　ですから一方で部数主義が必要なら、もう一方でマス神話を意識的に逆転させた出版をしていくしかないのだと思います。

鷲尾　講談社は出版の大手と言いますが、小さな出版社が三十くらい集まっているような感じなのですよ。

粕谷　偏差値が高くて三菱でもどこにでも入れるような人間は、出版に来る必要はない。

鷲尾　おっしゃる通りですが。

4　編集者の資質――本への愛着とコスト感覚

藤原　本に対する敬意や愛情の話がありましたが、この業界は何よりもまず本好きな人間の集まるべきところです。しかし本好きでなく金好きの人間が集まってくる。本好きな人間をいかに育てていくか。そのために編集の本当の面白さ、喜びというものを伝えていかなければならない。しかし「編集者」にはそう簡単にはなれません。若い人たちがよくこぼすのは「自分はこういう本を出したいのだが、編集会議で潰される」ということです。鷲尾さんがおっしゃったように、算盤《そろばん》勘定をして、少なくとも会社に迷惑をかけない、損をさせない、そういう実績を積んで初めて会社から認められるわけですが、今の若い人は即やりたいわけです。

鷲尾　藤原さんだって僕だって、皆さん現場で苦労をしてきたわけです。上司が無茶なことを言って潰しやがったと怒るようなことはたくさん経験してきたわけです。

藤原　いくら出したい本があっても、やはり売れないと駄目なんです。出版を続けていくこと自体できませんから。

松居　私は幸か不幸か、上司がいませんでした。その代わり責任はものすごく重かった。売れなかったら大変でした。

寺田　編集者には、企画の能力と同時に、原価計算の能力や多少の営業感覚も必要です。

粕谷　その点で、中央公論の初代社長の嶋中雄作さんは偉かったと思う。岩波書店が円本というのを出した昭和初期のことです。中央公論が何をしたかというと、あの当時に超豪華本をつくりました。「シェークスピア全集」を水色の箱入りの二分冊でつくった。一見、無謀な感じがしますが、「各家庭に一冊」という触れ込みで大変売れた。それと「谷崎源氏物語」。あれも和綴の豪華本です。世の中が廉価本を出している最中に豪華本を出版して成功している。『世界の歴史』や『世界の名著』といった戦後のシリーズ物も、こうした発想を継いでいるような気がします。だから世の中が廉価本というのだったらうちは廉価本はやらないというように、少しは他人と違うことをすればいいと思う。しかし今は皆新書ばかりを出している。

5　編集とは何か――無から有を生みだす喜び

1　編集とは総合芸術

藤原　出版界も産業化の嵐に巻き込まれ、編集者の不在という危機を迎えているわけですが、そのような状況だからこそ、原点に戻って、「編集のための讃歌」といいますか、編集という仕事の本来の面白さを、それぞれの方にもっともっとお話しいただきたいのですが。

寺田　私は文学好きでしたから、最初は小説の本をつくりたかった。入ったばかりのときには、自分で生原稿を読み、企画を出し、一冊の本にするということはできないけれども、短編集ならできやすかった。短編集というのは、一つのありようだと思います。

例えば北原武夫のまだ本になっていない短編の切抜がたくさんありましたので、その北原さんの短編集を出しました。北原さんは倒産した会社の負債を返すために中間小説や娯楽小説を書きまくった人ですがなかなか本にならない。その人の切抜をごっそりもらってきて、五、六篇か七、八篇か選んで、自分で一冊つくりました。最初にそういう仕事をして、鷲尾さんが本に書いていたような、無から有を生みだす喜びを経験しました。

粕谷　それはなるべく早く経験した方がいい。

寺田　そういうことを自分でやってみる。自分の企画で、自分の好きな作家で本を一冊つくってみる。それができたときは、本当にうれしい。生原稿を読んでチェックして、直しを入れたりして、雑誌に掲載するということはその延長線上にあるわけです。とにかく何か形をつくってみる。自分で製品をつくってみる。そういう経験を早めにすべきだと思う。

そういう経験が一番できる場所はどこか。今は案外大手の出版社よりも、編集プロダクションに入った方がいいのではないかと言う人もいます。割付、校正、装丁、造本などの工程も頭に入って、その喜びは倍加される。そして実際につくってみると、本当に出版というのが、いかに面白いものであるかを実感できる。自分の企画のねらいも帯などに書けますし、それに一冊の本にすることで自分の美意識がどんなものか、そのありようも分かってくる。しかし実際は、プロダクションでもなかなか困難でしょうね。

2　自らの目で確かめる

松居　私も『こどものとも』という創作の物語絵本を出すにあたっては一つの方針がありました。既成の作家はほとんど使わない。それから既成の画家も使わない。つまり日本の童画家という人の絵に対して私は非常に批判的だったので、画家は皆自分で選ぶことにしたのです。童画家でお願いしたのは初山滋、茂田井《もたい》武《たけし》、村山知義、この三人の方は子供の時から好きだったのでお願いしましたが、後は皆初めて絵本を描く方にお願いしました。展覧会で自分の目で確かめて、この人と思う絵かきを起用したわけです。初期では秋野不矩《ふく》先生にもお願いしました。日本画の方、洋画の方、それから版画の方、当時、商業美術が徐々に盛んになっていましたから商業美術のデザイナーの方、それから漫画家の方。漫画家は長新太《ちょうしんた》さんが一番最初でしたが、そういう方を一人一人選んで絵本をかいていただきました。ですからいま活躍していらっしゃる絵本のかき手の、かなり年配の方の最初の作品の編集者は私です。意外にそういうものを受け止めてくださる時代だったんですね。大変ラッキーだったと思います。少し前だったらできなかったのでしょうが、ちょうど戦後の美術の変わり目でした。

それから文学の方も児童文学者協会とかいろいろなグループがありますが、こちらも自分で一人一人納得できる人を見極めていこうと思っていました。既成の方でお願いしたのは石井桃子先生、與田準一さん、そのくらいだったと思います。二年目くらいからは作家の方も同人誌でいろいろな作品を読んで選びました。それこそ河出書房でお出しになった『日本幼年童話全集』などを読ませていただいて本当に参考になりました。

しかし子供のことが分かっていないという感じがしました。大人の気持ちとして書いていらっしゃるのは分かるが、子供との接点が非常に曖昧、それにこの文章では子供の気持ちのリズムに合わないと私は思いました。かといって、新しく文体をつくり上げていく童話作家の方もなかなか見当たらない。私が手がけた単行本の童話集の第一作は『いやいやえん』で、今でもベストセラーですけれども、これを書いた中川李枝子さんは全く無名の人でした。

たまたま同人雑誌を片っ端から読んでいたところ、中川李枝子という人が同人雑誌に書いていた。その文章が今までの童話の文体とまったく違う。どうしてこういう文体ができるのだろうかと、その時は何とか本にしたいと思ってお尋ねしたら、中川李枝子さんは保母さんだった。しかも保育所に住み込みで勤めていらした。世田谷の方の小さな保育所です。園長さんと中川李枝子さんとお二人しか保育者はいない。そこに住み込んで保育をしていらしたものですから、朝から晩まで子供の声と子供の会話が聞こえる。目が覚めたらもう子供の声が聞こえる状態だったわけです。中川さんの書く文章は、子供の声の調子を見事にとらえていた。だからセンテンスがとても短く、イメージがはっきりしていて目に見えるような語り、そして息づかいがある。それに私はびっくりしました。それで『いやいやえん』というのをまとめて出しましたが、この本を読んでやるといまだに子供は喜びます。だから、特に子供の本には文体がものすごく大切だということを、私はそのときに感じました。

それから翻訳絵本の『三びきのやぎのがらがらどん』を出しましたが、これはマーシャ・ブラウンというアメリカの人が文章と絵の両方をかいている。この作品の翻訳を瀬田貞二《せたていじ》さんにお願いしました。瀬田さんは当時平凡社の『児童百科事典』の編集長でした。絵本をよく知っている方というのでお会いしにいった。そうしたら絵本に本当にお詳しい方で、それで瀬田さんに絵本論を書いてほしいとお願いしました。届いた原稿がまた見事な日本語でしたので本当にびっくりしました。日本語の本質を知っている人だと思いました。

瀬田さんは中村草田男《くさたお》の親しいお友達で、『萬緑』を一緒にやっていらしたこともあり、日本の古典に精通していた。それで瀬田さんの書くものは普通の評論もそうですが、子供のものの翻訳の場合にも日本語独特の調べが伝わる。『三びきのやぎのがらがらどん』はいまだにベストセラーです。マーシャ・ブラウンが私と会ったとき「どうしてあの本が売れるのか。あれはノルウェーの昔話で、日本の子供たちにとってそんなに親しい話ではないのに、どうして日本ではあんなに売れるのか。アメリカよりよく売れます」と言われました。事実、本国よりもよく売れている。後で考えて見ればそれは瀬田さんの訳文が子供の中にすっと入っていくからなのです。丸谷才一さんが瀬田さんの絵本の文章をほめていらっしゃいます。「自分が朱を入れないで読んだのは、瀬田貞二の絵本だけだ」と書いていらした。ああ、よく分かっているんだなと思って感心しました。そういうことで、いろいろな文章と絵との関係を学ぶことができました。

3　職人としての編集者

松居　それと編集の上で非常に勉強になったのは、やはり翻訳出版です。これはという海外の本をとり寄せて、それをできるだけ翻訳して出そうと思いました。岩波書店に対抗して出そうということです。『岩波の子どもの本』はシリーズとしてどれも同じサイズになっていましたが、原書をとり寄せてみると、横長の本、大きな本、真四角の本というように皆サイズが違う。絵本はこういうものなんだと思いました。絵本では、内容と本の形は切っても切れない。海外の絵本を翻訳してみますと文章と絵の関係が見事に分かる。そういうことを日本で分かっている方はほとんどいなかった。分かっていたのは、石井桃子さんと瀬田さんくらいです。

実物に当たり、それを翻訳して出版するわけですから、一旦すべて解体して、そしてもう一度日本語を当てはめて組み立てていくわけです。これが絵本の翻訳出版の作業です。まるで自分が編集者になったようにして組み立て直していくと、場面のつながり、連続性、変化、ストーリーとプロットの関係から本の持つ機能や印刷の効果が本当によく分かります。つまり翻訳出版を通して私は絵本のつくり方を学んだわけです。教えてくれる人はいませんでした。そもそも編集者としては、先輩も同僚もいないところで一人でやってきましたから。海外の本をとり寄せて徹底的に分析し、日本の子供に合うか、合わないかを調べ、それで一冊ずつ日本語版を出していった。そのプロセスで絵本づくりを学んできたのです。

寺田　そういうことを実際に研究していく過程で、編集者は育っていくわけですね。

鷲尾　本ができ上がってくると嬉しいものです。後ろを見たり、前を見たり、突然誤植を発見したりする。そういう喜びがなくなってしまったらおしまいだと思うのですが、いまは何か、そうやって一冊一冊を丹念につくっていく感覚がなくなってきているような気がします。

粕谷　だから新書になる。

鷲尾　そうなんです。いま新書は毎月百冊くらい出ていますか。以前は講談社現代新書、中公新書、岩波新書で、それぞれ三冊ずつしか出していなかった。つまり毎月九冊しか出ていなかったわけです。こんなに増えてしまえば、毎月何が出ているのか、読者も編集者も分からなくなる。とてもよくないことです。しかし、そういった本が売れたりしたときには、編集者としてはギャンブルで勝ったかのような嬉しさはあるのだと思いますが……。

4　編集とは人との出会い

粕谷　編集者はいい商売。僕はまた生まれてきてもまた編集をすると思う。ぐうたらだけど面白い仕事です。それは編集という仕事に、三日やったらやめられないという面白い面があるからです。

鷲尾　僕もそうですが、もう一度生まれてきてもやはりやりたい仕事の一つです。ほかのこともしてみたいけれども、とにかく面白かった。

粕谷　自由だというところがいい。編集というのは簡単に言うと、人との出会いだと思う。それは相手のいることで、出会わなければそれっきりということもある。非常に偶然性に満ちた仕事です。

鷲尾　編集とはいわば市場《いちば》みたいなものです。つまり、そこにくれば何かが見つかる。面白い人に出会える。いつの間にか商談が成立するかもしれない。そういう可能性の場そのものに編集者自身がならなければいけない。そのためには自分自身でコミュニケーションをつくり、そうした場をつくっていかなければいけない。自分が電話を受けなければいけない。ところがいま携帯電話しかかけられない人がいるというのです。「もしもし、何とかさんのお宅ですか、何々と申します」ということができない。そういうことから教えないといけない。それは大変です。

松居　子供の頃、親が電話をかけているのを聞いて日本語を覚えたようなことがあります。相手によって皆言葉づかいが違いますから。

鷲尾　手紙の書き方一つ一つを教えなければいけない。そういう時代に来ていることは事実です。

松居　それはしかし、大人の日常の日本語がおかしくなっているからです。言葉というのは教えられるものではありません。日常聞いて覚えるものです。そこに本も関わりがあると思います。

藤原　確かに今の時代は変化が激しい。我々の仕事も年々変わっているように見える。しかし本質的な部分は変わらないのではないでしょうか。粕谷さんは、編集とは出会いだという。鷲尾さんは市場のようだという。つまり編集というのは、そういうものであるからこそ楽しいわけですね。

鷲尾　異なった人と会うのが楽しいと思わない人は編集者になれない。しかしそうでない人も少なくありません。

寺田　人と会う喜びから仕事が始まる。新人発掘はまさにそうです。

5　編集の自由

鷲尾　粕谷さんが、先ほど「編集は自由であるところがいい」とおっしゃった。編集の外部がいろいろと変化していっても、編集という仕事は、基本的にどんなものであっても自由がなかったらできません。どんな厳しい会社でも、結局、人間と人間が対応するときには多少なりとも自由がないと対応できない。そうした部分を梃子にすれば、どんな立場にあってもいろいろな可能性が開けてくるはずです。

ところが見ていると、若い人はそのあたりですぐ潰れてしまうのです。いずれにせよ若い人を見ていると、会社を実際以上に大きなものと見ている。会社など適当にやれば動くのに、会社を国家のように、自分ではどうしようもない大きな存在とみなして、社長とは偉いもの、管理職は偉いもの……そのように思い込んでいる。昔、僕らも、上司がいても、別に意見は違うよということを言えたけれども、今は言えなくなっている。

藤原　それは、会社が巨大化したからでしょう。

寺田　それに管理化も進みました。

鷲尾　もちろん管理も進んでいるし、もう一つは入ってくる人の方も、会社は強いものだという幻想を持っている。しかし出版社というのは実はそんなに強固な存在ではないのです。

粕谷　編集者というのは、最終的には自分のやりたくないことはやりません。そうでなければ編集者ではない。修行時代の若い頃は命令に従いながら仕事を覚えていく。しかしある段階になったら、自分が納得しない仕事はしてはいけない。

鷲尾　納得しなければしない、ということができるだけの実力を持てばいいわけです。ほかのことができればいいのです。可能性は持っていても、その最初のところで挫折している若い人が多い。

粕谷　この間、ある会社に行ったら、「どうもあいつはお世辞がうまい」と言うから、「だけど、お世辞は君、美徳の一つだ。上司にお世辞が言えるということは大したものだ」と言いました。

鷲尾　男性より女性の方が可能性があるように思う。男より、女の方が粘り強い。

松居　共感します。

寺田　それは当たっています。文芸物は特にそうです。ここ最近、文学賞の受賞祝いの会などに行くと、その幹事役は女の人が多い。女性が関係者を仕切っています。

鷲尾　入社した時にはファッション誌志望で、『群像』に配属されて泣いてしまった女性がいます。『群像』なんかとんでもない、行きたくないと。でも行ってみると、やはり仕事ができるし、有能なわけです。

粕谷　これは経験したことですが、女の子は辛抱強いけれども男が駄目です。飛び出ていったり、もう諦めたとか、大勢いるから嫌だとか言ってすぐ辞めてしまう。ただそれで彼らがその後何をしているかと言えば、みすず書房でアルバイトをしていたり、フリーライターをしていたりする。結局、出版界の周辺でうろうろしている。そういう意味では、本好きの人は結局、出版関係から逃れられないのだと思います。

6　時代と切り結び、国境を越える編集者

1　出版のエンターテイメント化

鷲尾　何十年か通勤の車内風景を見ていて、ある時期からコンピューターゲーム、携帯電話、ウォークマンなどが増え、スポーツ新聞も週刊誌も少なくなったように感じました。ただここ一、二年、定点観測をしていると、文庫本をはじめとして本を読む人がほんの少々増えた気がします。少し飽きが来て、本の方に戻ってきているのではないかという感じもするのです。テレビなどが面白くないということもあると思います。ただそれだけではなく本、活字の世界も決して絶望的ではないのだと思うのです。いいものを、面白いものを提供すれば、読者は戻ってくる。そのためには書店や図書館にも頑張ってもらわなければならない。しかし一番頑

張らなければいけないのはやはり編集者です。

粕谷　寺田さんが時代によって文学も変わると言いましたが、僕もそのことを前から考えていました。昔の純文学者、大岡昇平とか武田泰淳は颯爽としていた。野間宏ももちろんですが、第一次戦後派が一番颯爽としていた。それから無頼派の太宰治、坂口安吾、石川淳。彼らも戦後に一番輝いた。そういう純文学がどんどん衰退している。一方、直木賞の作家は長続きするでしょうが。最近で言うと、ミステリーがものすごく強くなってきている。

寺田　少し前はそう思っていましたが、今はミステリーも下り坂と聞いています。要するに、総合的に文化全般に曖昧なエンターテイメント化が進んでいるわけです。報道番組もエンターテイメント化しているでしょう。

松居　子供の本もそうです。

寺田　子供の本も含めて、エンターテイメントにしなければ流通しないという、ある種の文化的な流れができつつある。それを誰がつくっているかといえば、結局、マスコミなんです。いや、エンターテイメントが悪いというのではないのです。何でもかでもお笑いか超現象入りの娯楽仕立てにする風潮が気になるのです。

粕谷　いや、もう少し深刻かもしれない。

寺田　時代がつくっているとも言えるでしょうか。読者もエンターテイメントを望んでいるわけですから。

松居　どうやって生きていけばいいか、分からなくなってきているのです。

2　文化の大衆化とヒエラルキーの消滅

粕谷　一九七〇年に三島由紀夫が自殺します。翌日、司馬遼太郎が『毎日新聞』の一面に書きました。これは非常に大きな転換点の一つだったと思うのです。

『毎日新聞』は、こうした大きな事件が起きたときに、さて誰にこの問題を書かせるかと迷ったわけです。そのときに学者ではなく司馬遼太郎に書かせた。司馬さんの書いた三島論は非常によかったと僕は思います。要するに本来、文学というのは妄念だから、観念の中に閉じ込めて書かなくてはいけなかったと司馬さんは書いたのです。三島さんに愛着を持ちながらも、あなたのしたことは間違っているということをやんわりと書いている。ここで司馬さんは文士から国士になったわけです。なにしろ国家の大事が起きたときに学者ではなく司馬さんがその解説を書いたわけですから。

あの頃、新聞記者上がりの作家が三人出てきました。井上靖、松本清張、そして司馬遼太郎。三人とも新聞記者。清張さんはちょっと違うけれども、新聞社にいたことはある。この三人が、それまでのいわゆる第一次戦後派、小林秀雄、大岡昇平とは全く異質なものを持ち込んだという感じがします。

寺田　そういう契機を持ち込んだかもしれませんが、しかしあの人たちは、それでも、単なるエンターテイナーではなかった。どこかで問題意識、戦後意識というものを強く持っていたと思うのです。

鷲尾　その話と軌を一にするのは、吉川英治のことです。彼が文化勲章を受勲したとき、ああ、すごいな、こういうこともあるのだと思いました。吉川英治が亡くなったとき小林秀雄が葬儀委員長を務めた。それにもすごく驚嘆したことを覚えています。ただしその頃はまだ大衆文学だという意識が強くありました。

ところがある時期からエンターテイメント系の人が文化勲章、文化功労賞をとる。つまり政治もポピュリズムというか、人気とりになってしまうように、価値のヒエラルキーがなくなり、すべて平坦になる。コンピューターみたいに人気で価値を判断すれば誰がもらってもいい。文学や文化の世界はもっと上と下があったのですが、一九七〇年から一九八〇年にかけてそれがすべて平たくなった。それも急激に起きてしまった感じがします。

粕谷　時代小説でいま一番人気があるのは、池波正太郎さんと藤沢周平さん。どうもあの二人には司馬さんに対する抵抗意識があったように思います。おれは国事は論じないよという態度。僕はどちらも好きだけれども、考えようによると、戦後日本の論壇というのは、梅棹忠夫という京都人、それから司馬遼太郎という大阪人、この二人の関西人が制覇してしまったという印象を持ちます。

鷲尾　その前には、それこそ清水幾太郎や丸山真男の時代があったわけですね。それがどこかで変わってしまった。この点に関して言えば、以前は岩波的なものが学界ではほとんど大権威だったわけで、だからこそ先ほど言ったような屈辱を僕は感じたのです。ところが一九八〇年代が過ぎて一九九〇年代になると、講談社と岩波書店には別に違いはないということになる。文化の差異が非常に見えなくなっている。このあたりに編集者の変質という問題とからんでいると思います。

寺田　吉川英治さんや杉本苑子さんが文化勲章をもらったことは非常にいいことだと私は思います。文化がそういう意味で平準化したのはいいことです。大衆性のあるものも文化ですから。

鷲尾　今までなかったことですから。もちろんそれは僕も大賛成です。しかしそれが歯止めなくなっていませんか。

寺田　純文学について言えば、粕谷さんが掲載された庄司薫の『赤頭巾ちゃん気をつけて』が変質のきっかけのひとつをつくったと思います。あれ以来、文学は変わった。駄目とは言いません。やはり社会現象を先どりしていた。そしてきわめつけは田中康夫の出現です。田中康夫の『何となくクリスタル』は私の後輩がやっていた『文藝』から出ました。

粕谷　村上春樹はどうなのだろうか。僕が笑っちゃったのは、自分で会社を始めようとして編集経験者をとろうとしたら、「僕が一番、村上春樹に信用されている」というのが三人来た(笑)。みんな嘘をついている。

3「編集者」を兼ねる作家・学者

鷲尾　村上さんがすごいのは純文学なのですが、あれだけ読者がいる。エンターテイナーでもある。『海辺のカフカ』を出した後、読者からのメールを七千通くらい受けて、その何千通に返事を書いて、その返事とやりとりをすべて収めた本をつくり、その後、読者にいちいちメールで報告しているのです。そういうことをする作家は、他には誰もいません。つまり相当の努力をして、読者を自分で考えている。編集者以上に考えているわけですから。

粕谷　それと作家が編集者になってきたとも言えます。丸谷才一さんもその一人でしょう。『毎日新聞』の書評欄は丸谷さんが編集しているわけです。だから丸谷一家がすべて出てくる。事実、『朝日新聞』や『読売新聞』より面白いことが多い。

鷲尾　寺田さんが編集した『時代を創った編集者101』で三浦雅士さんがいっていましたが、時代優秀な作家や学者は編集者的機能を備えていて、その点が分かっていない人は駄目という話になっていましてね。

寺田　いま自分でホームページを開いている人たちがふえていますが、ホームページを開くという作業の中には編集機能が入る。もう全員が編集者になっていくと言えないこともない。

松居　福音館書店のホームページの一部は、僕が書いています。

鷲尾　そうなるとダイレクトに自分で本をつくって自分で読者に届けてしまう作家が現実に生まれてくる。

寺田　それに村上さんの先ほどの『海辺のカフカ』でも、読者を自分の次の作品に吸収してしまう。これはまったく新しいことです。

鷲尾　それにメールのアドレスが分かると、次の本が何月くらい出るという予告もできる。予告のメールを受けた人たちは、皆買いに行く。そういうこともしているというのは、なかなかスゴいと思います。

粕谷　そうなると、出版社はどうなるか。

寺田　出版社もこの問題を深く考えなければならないでしょうね。

鷲尾　編集者、出版社、取次、書店というような長い過程を経ずに、ダイレクトに著者から読者に行ってしまうという線は十分にある。

松居　あると思います。ホームページだけで注文が来ますから。

4　編集者と書き手の関係

藤原　ただ編集者には、書き手を自分の目で発掘するという役目がありますね。今そういうことがきちんとなされていないのではないでしょうか。

寺田　いや、それはそれぞれの場所でやってはいます。だから十九歳の少女が小説家になったりするわけです。それなりに見ている人はいるのです。

鷲尾　小説にかなわないなと思うのは、作家になりたいという人がいまだたくさんいることです。毎月四万円しかお金がなくても、小説を書きたいという人がいる。その作家志望の中から作家が出てくることもありえるわけです。そういう点では書くことをプロの仕事だと思っている人がまだたくさんいるわけです。

ところが学者はそうではない。仕方がなくて大学院に行ったとか、勉強ができるから大学院に行って学者になってしまったという人も多い。そんな人に書かせるのは、大変なことです。なにしろアイデアがない。給料をもらっていればそれでいいと言う。大学という会社に勤めているようなものです。学問を通して何かをしたいのではない。そういう人が増えて、その人たちに書かせるのが大変になる。編集者と同じで昔のように学問で世の中に貢献したいという人は少なくなってくる。

それから昔は大学の先生は給料が低かったので、原稿料によって、少し補填したいと思っていた。いまはそういうことはない。カルチャーセンターに行ってしゃべっている方がいい。学者の世界ではプロの書き手が少なくなっている。昔の『中央公論』などを見れば、清水幾太郎さんなどが実にシャープなことを毎月のように書いているのですが、そういう人がいなくなっている。

梅棹忠夫さんのような人もいなくなりました。「こいつとこいつを呼んできて、こういうふうにやればできるよ」というようなことを言える人はもういない。ボスといえばボスなんですが、そういう人すらいなくなった。だから読者の創造と同時に、書き手も育てないといなくなってしまう。

寺田　日本文学史のことはあまり知らない若い人たちがどんどん出てきます。

鷲尾　時代が書き手も読者も減らしていることは事実だと思います。大学の変質も激しい。こうした状況の中でどうするか。僕らが入った頃、僕らが一番一所懸命やっていた頃に比べると、過渡期のつらさが与える打撃は大きいのではないですか。これからの人は、本当に大変だと思います。僕らはよく言われます。「鷲尾さん、いいときに逃げましたね」と。

寺田　私も、年中言われていますよ。

鷲尾　「足が速かった」と、よくからかわれる。

5　海外編集者との交流

藤原　そういう閉塞状況を打開していく上で、海外との積極的な交流は一つのきっかけになると思います。まだまだ日本の出版の場合、輸入超過で、輸出することはほとんどありませんでしたが、世界との交流の中でオリジナルなものをこれからどう出していくか。文学については最近、輸出されるようなものも少しはあるようですが、学問の世界だとまだまだ厳しい。藤原書店も輸入が多く、輸出はまだ僅かです。

松居　うちは輸出がおよそ六〇〇点あり、三二カ国、四〇言語に翻訳出版されています。

鷲尾　傑出しているということでしょう。

松居　私の夢でもあったのです。どうしても日本の文化を輸出して、知ってほしいと思いました。

　初めて一九六二年にフランクフルトに行ったとき、これはできるなと思ったのです。そのときは、社長に「行ってこい」と言われたので私は外国語は駄目なのですが、一番年少で書籍出版協会の代表団の中に加えていただいて、自分がつくった絵本を国際図書展で展示いたしました。そのときに大きな反響がありました。おそらく日本の絵本を初めて見た編集者だと思いますが、敗戦国の日本がどうしてこんないい絵本をつくれるのかと非常に高く評価してくれました。それで私は海外の編集者との交流を大切にしたいと思うようになりました。

それで一九六二年以来、海外の出版社と図書館をできるだけ訪ねました。

その頃は、すばらしい編集者、まさにエディターがいました。編集部員ではないわけです。エディターがいたのです。イギリス、アメリカ、ドイツ、フランス、スイス、そしてソ連にもすばらしい編集者がいました。私は海外へ頻繁にでかけるようになり、そういった編集者の仕事を見ました。すると出版社ではなくて編集者をマークすればいいということを知りました。だから海外ではどこにどういう編集者がいるのかを絶えず意識しました。ある編集者が出版社を変えますと著者もぞろぞろと変わる。著者は編集者についているのであって、出版社についているのではありません。それにその編集者の仕事を時代を追って見れば、その人の考え方もよく分かります。またこの編集者の次の仕事、どういうものを出すか興味を持っていますと、次にこの本を出しますからとゲラ刷りの段階で送ってきます。今でもアメリカの編集者にそういう方がいらっしゃいます。そんなことで、海外の編集者の仕事からいろいろと学ぶことができました。

もちろん個性が違いますし、国によっても違います。確かに一九六〇年代、一九七〇年代はエディターの時代だったと思いますが、一九八〇年代からは、そういうエディターが本当に少なくなりました。そういう方がフルに仕事ができる場がなくなったり、リタイアされたりしたのです。これは『理想なき出版』（勝貴子訳、柏書房、二〇〇二年）でアンドレ・シフレンが言っている通りです。僕はあの本を読んだときに、本当にこの通りだと思いました。だから私は本だけでなく、直接の交流からも仕事の仕方をたくさん学ぶことができました。特にそういうエディターたちの企画の仕方は本当に独特です。

今でも印象的なのは、オクスフォード・ユニバーシティ・プレスのメイベル・ジョージという児童書の編集長です。初めは彼女のことを知らなかった。ところがオクスフォード・ユニバーシティプレスの出している児童書を見ていますと、白黒の挿絵ですが、すごい絵かきだと分かる挿絵がある。それでメイベル・ジョージが福音館書店の本を英語で出したいと言ってきたものですから会いに行きました。やはりすごい人でした。彼女はワイルドスミス、キーピング、アンブラス、パパスなどイギリスの絵本の本当に新しい時代を築いた画家たちに絵本を頼んでいる。その絵本を見たときには世界中がびっくりしたような次第です。メイベル・ジョージは、自分のひざ元でこういう絵かきに仕事をしてもらって、そして最終的には絵本まで手がけている。これが編集者だと私はそのとき思いました。だからジョージがリタイアした後、オクスフォード・ユニバーシティ・プレスの子供の本は全く魅力がなくなった。それは、怖いくらいです。そういう編集者が辞めると、その出版社は本当に精彩を欠く。

ロシアで唯一人、国際アンデルセン賞画家賞を受賞した絵本画家はタチアナ・マーヴリナですが、その人に絵本をかかせたのがポリバーノフという編集者でした。この人は名門の出身で、世が世ならばツァーにつづく大公爵の身分の人です。でも子供の本の編集者。ポリバーノフさんのお宅にも行ったことがありますが、本当に子供のことも芸術のこともよく分かる人だと感じました。タチアナ・マーヴリナさんには、私は『ロシアの昔話』を出したときに挿絵をすべてかいていただくようにお願いをしました。ロシアの人も羨ましがるような本をつくることができました。

6　海外への輸出

松居　去年だったか、河合隼雄先生にばったり会ったら、「この間、パリの本屋へ行きましたら、福音館の本ばかり並んでいましたよ」とおっしゃっていただいたことがあります。確かに子どものための科学の絵本がフランスで相当訳されている。フランスの編集者が言います。「我々が子供のための科学書をつくろうと思ったら、こういうふうにはとてもできない。どうしてこんなに文学的に科学の本をつくれるのか」と。フランスの人はもっと論理的につくるというのです。日本人のつくる子供のための科学書は、論理を表に出さないで読み物としてうまくつくってあるというのです。

藤原　とても面白いお話ですね。最近は、文芸関係で輸出されているものは多いのではないでしょうか。

寺田　多いといっても特定の人です。よしもとばななががイタリアでよく読まれている。

鷲尾　しかし人文系でも随分この頃は多くなりました。とりわけ中国、台湾、韓国が多い。ただし版権料が安い。一〇万円とか一五万円というのが圧倒的です。著者と合わせたら半分になります。商売というより文化交流の段階です。例えば僕が編集した『現代思想の冒険者たち』は、中国で全三一巻が翻訳されることになりました。そういうことはあるのですが、それでは講談社にいくら入ったかというと全巻合わせて本当に少ない。それと松居さんのところとは違って、僕らは向こうの版権を買うこともまだ随分あります。オークションがある。

粕谷　そういう有名な人を追うことはないんです。

鷲尾　もちろんおっしゃる通りですが、なかなか簡単にはいきません。貿易収支でいうと日本はまだ圧倒的に赤字です。

粕谷　李登輝さんが「日本人はもっと自分の過去と未来に自信を持て」と言っているけれど

も、ぼくは本当に情けないと思うよ。出版界は皆松居さんのように……。

松居　いやいや、僕は本当に素人ですから。

粕谷　偉大なことをするのは、素人が多い。

寺田　唯一利益が上がっているのがアニメだそうです。アニメの版権収入は大きいのではありませんか。

松居　なぜヨーロッパで日本のアニメやマンガや絵本が評判になるかを説明しろと言われて、この間、僕は外務省から講演に行ってくれと要請されました。

鷲尾　向こうのテレビは、ほとんど日本のアニメだそうですね。

粕谷　僕は、輸出できるのはアニメだけではないと思う。ただプレゼンテーションの仕方を工夫しないといけない。これからが勝負だと思う。

7　海外著者との直接交渉

松居　それに人間関係というものも大きいと思います。向こうの編集者と本当に親しくなれば、見る目が変わってきます。

鷲尾　僕も語学は全く駄目なのですが、世界との距離が縮まっているのを感じ、「英語ができる人間が一杯いるし、アメリカとフランスに行くのもそんなに金がかからないのだから、直接行って原稿を頼んできたら……。原稿を頼んで、できたらまたいって、そこで原稿を読んで、そこでいいとか悪いとか言って、また戻ってくればいい」と言っていました。しかし、なかなかそれができない。語学ができる人でも、それはできない。例えばクリステヴァが手紙で「時間があれば書くと言っているんだから、行って書いてもらえよ」と言っても、それがなかなかできない。しかしそういう時代がいずれ来ると思っています。そうなれば、エージェントがなくて済みます。

松居　絵本ではかなり海外の画家に直接頼んでいます。

鷲尾　ただ日本の出版界の感覚と違うわけです。契約をして、何ワーズで、〆切は何日で、刊行が何日で、部数はどれくらいかと訊かれると非常に困ります。習慣が日本と違う。一介の編集者は部数を決められないのですから。宣伝はどれくらいするのかということまですべて聞かれる。しかし語学ができて編集感覚があれば、それくらいできるようになると思います。

粕谷　英語のできる人は、日本語を知らないのが多い。

鷲尾　確かに外国の人に書いてもらって原稿をその場で読める人がいれば、そのまま訳せる。

粕谷　女性編集者ですが、僕の下で一番最後に仕事を覚えた人がジョセフ・ナイというハーバード大学教授でかつ国務省の次官補まで行った人とじかに取引をしました。

ナイは今でも有名な学者でアメリカの外交問題を論ずるときは大体ナイの名前が出てくるし、この間も『国際紛争——理論と歴史』（田中明彦・村田晃嗣訳、二〇〇三年）が有斐閣から出ました。彼女は非常に英語がうまかったのですが、聞いたらジョセフ・ナイが小説を書いたという情報が入ったのです。「ちょっと直交渉をしてごらんよ」と言ったら、あっという間にとりましたね。ナイは小説家として全く認められていないということはあるけれども、ああ、こういうこともあるなと思いました。

鷲尾　『日本の歴史』の最後の巻は、皆海外の人に書いてもらいました。向こうの人は日本に対して関心があって、日本語を少ししゃべれたりする。そういうことの可能性は、これからの編集にとってとても大きなものだと思います。

粕谷　キーンは「果てしなく美しい日本」と今でも言ってくれる。日本で食っているとも言えるでしょうが、僕は阿川弘之さんに『明治天皇』というのをキーンが書くそうだから、日本人として書きなさいよ」と言いましたが（『明治天皇』上・下、角地幸男訳、新潮社、二〇〇一年）、阿川さんは無精者だったからドナルド・キーンに明治天皇をとられてしまった。

鷲尾　ダワーにしろ皆よく勉強している。

粕谷　もう今は日本人だからと安閑としていられない。日本のことをよく知っている外国の人が多い。

鷲尾　講談社から出したハーバート・ビックスの『昭和天皇』（吉田裕訳、二〇〇二年）も、僕らも知らない文献がたくさん出てきて、「えーっ」というような感じです。外国との距離が短くなることによって、これからの仕事が増える。もちろん英語ができる以前に編集ができないと駄目だと思うのですが。

松居　上滑りするところがあります。

鷲尾　ただ、そうなると日本の編集のスタイルを少し変えないといけないですね。日本の場合には、著者に会って、例えば粕谷さんに原稿を頼んで「原稿料いくらです」などと言いませんから。そのあたりの慣習をどうするか。そういう問題がこれから出てくる。向こうの人は簡単に言います。

松居　それはそうでしょう。当然だと思います。

鷲尾　日本のシステムだと、担当編集者が物事を決められない。松居さんだと決められるでしょうが、我々だと決められない。それで「それは相談します」と言うと「あなたはそれでエディターか」と言われます。

松居　それはそうだと思います。まだ日本書籍出版協会の契約書がようやくできたばかりの頃に、オクスフォード・ユニバーシティ・プレスと仕事をすることになって、向こうから契約書が送られてきた。信じられないほど細かい契約書でした。それをモデルにして、うちは書協とは全く関係なく独自の契約書をつくりました。それでうちは挿絵も印税ですから、画家とも契約書はすべて交わします。絵本の原画の扱い方もすべて契約書に書いておきました。大体原画というのは、絵本の場合、本が出たらみな捨ててしまっていた。あるいは印刷屋さんがもらっていたり、編集者が自分のものにしてしまったりしていたものですから。

藤原　それはすごい。

鷲尾　日本では事後の契約も交わさないところが随分あると思います。

8　アジアの人々との交流

松居　それとくに勉強になったのは、アジアのことを知ったことです。講談社の野間省一社長が、アジアの出版開発のために、ＴＢＤＣ（Tokyo Book Development Centre、現在はＡＣＣＵ）というものをおつくりになった。アジアの子供の本が本当に貧しいから何とかしたいということでした。野間さんとは全く面識がなかったし、講談社ともおつき合いがなかったのですが、呼び出されて「手伝ってくれないか」と言われました。それで私はＡＣＣＵ、ユネスコ・アジア文化センターのできる前の段階からお手伝いをして、アジアの専門家の研修コース、それから一九七一年には一カ月ほどアジア各国を回りました。各国の子供の本の出版状況、印刷実態、タイプフェースがどうなっているかを杉浦康平さんと一緒に調べました。

そのときに勉強になったのは、本当に子供の本がないということです。それからもう一つは、アジアは複雑な言語構成になっているということ。しかも少数民族の人たちの中には、文字を持たない民族がある。文字を持たない民族のためにどういう教科書をつくるか、どう本をつくるか、これはもう編集者としては真剣に考えなければならない問題でして、そういうことを知ったことが勉強になりました。言葉はあるが、文字がない。そのことが出版とどうかかわり合うのか。それ以来私は声の文化と文字の文化ということに大変強い関心を持ちまして、現在は絵本は文字の文化に属するものではなく、声の文化に属するものだと思っています。

実は初めからほとんど無意識にそうは思っていたんです。絵本は子供に読ませる本ではなく、大人が子供に読んでやる本だというのが私の編集方針です。声に出して読んでやるから、子供がテレビなどの機械の言葉、機械語ではなく、本当の人間の声の言葉を体験し、気持ちの交流ができる。その体験がなければ読書率はますます下がる。そのことを私は強く感じています。子供が耳から豊かな言葉を聞いたときに初めて子供の中に気持ちが伝わり、言葉の力が芽生え、そして文字を読むという技術を駆使して言葉の世界に入るようになり、読書につながる。だから絵本をつくることは、文字の文化のおもとを支える重要な仕事だと感じています。そういうことも、アジアの人が私に気づかせてくれたことです。

7　編集の歴史とその未来

藤原　最後に、これから編集を志す人たちに向けてエールをお願いします。若い人たちに、どんどんいい本をつくってもらうことが大事なのですから。

1　読者を知れ

松居　新入社員の人によく言うことですが、子供の本の場合は自分で子供に本を読んでやらなければ駄目です。必ずそれをやってくれと言います。自分の子供でもいいし、自分の子供がいなければ身近な親戚の子供でもいい。自分で子供に本を読んでやって子供の表情をよく見れば、子供がどういうふうに言葉の世界に入ってくるかが分かります。だから現役の編集者もそうですが、子供に本を読んでやらなければ子供の本は分かりません。子供を知らないと、企画も編集もできない。つくっても見当はずれのものになってしまう。

藤原　子供が読者ですから、その読者を知るということですね。

松居　はい。その次に大人がどういう本を欲しがるかということも出てきますが、やはり子供の表情、気持ちの動き、どういうふうに言葉を聞くか、それをすべて自分で確かめなければ駄目です。

2　編集はおもしろい

鷲尾　まず、編集という仕事が面白いことを伝える、そういう基本的なことを皆で声を大にして言わなければいけないと思います。それから、これまで編集というのは黙って俺についてこい、俺を見ていれば仕事を覚えられるという体験主義だった。編集学と言ったら大げさですが、そういうものをもう少しシステム的にきちんと教える機関があってもいいと思う。編集が面白いということを伝えると同時に、技術を教える機関や制度をつくる。大学でも専門学校でもいいですが、そういう機関をつくるべきだと思います。つまり横のネットワークをつくって編集を支えないといけないと私は思います。業界として動かなければ駄目だという気がします。そのためにはＯＢになっている我々にもしなければいけないことがあります。

3　創造の現場をつくれ

寺田　私から言えば、編集者は強いビジョンを持てということです。いろいろな欲望が若い人たちにあると思いますが、やはり何かを自分で表現したい欲望というのは必ずあると思います。それを整理してきちんと提出する。自分の中に内発するビジョンの力を強くしろということを、まず言いたい。文学は歴史的遺産がずっとあるわけで、いま自分の身の回りにある文学状況だけを見るのではなく、歴史を、先人のやったことを皆見てほしいし、その上でなおかつ自分のやりたいこと、表現したいものは何なんだということを考えて、そういう創造の現場をつくって、それに答える人間を発掘してほしい。

4　編集の理論と歴史

粕谷　鷲尾さんが言いましたが、日本には体験教育しかない。しかし理論的に編集とは何かと考える場合に、やはりリップマンの『世論』あるいはブーアスティンの『The Image』などというものは非常に役に立った。それからマクルーハンも一種の天才です。

日本でも大学でマスメディアを専攻する人が増えてきた。メディアの研究も増えてきた。しかし日本の場合、まだまだそういう明治以来の基礎的な資料が整理されていない。それで山口昌男がいろいろ書いている。それから加藤謙一なども、最近になって少しずつ再評価されている。徳富蘇峰にしても、批判する人は多く、事実批判されて当然だと思いますが、編集者としてとても偉大な存在です。そういうことをしっかりと捉え直す必要がある。

もう少し編集の歴史と理論が発達すべきです。ジャーナリズムの祖国はアメリカ、歴史の祖国はイギリスで、だからイギリス、ヨーロッパおよびアメリカに学ばなければいけない。中国は、昔はいいものがあったけれども、今の体制になってから一種の焚書坑儒になってしまった。『論語』でも『老子』でも残っているのは、日本の方に残っている。日本は面白い国で、皆残っている。仏教も日本に一番残っているし、儒教も残っている。キリスト教にしても、僕は明治以降のキリスト教を誇っていいことだと思っている。日本人は、あらゆる文化をマスターする能力を持っている。ただ、忘れてしまう。忘れっぽい。特に東京という都市が悪いのは、明日どうなるということしか考えないで、昨日のことをすぐに忘れている。夏目漱石の猫の家が明治村にあるのが象徴的です。東京は猫の家を大事にする感覚が全くなかった。そういうのが少し変わってくるかなと思っていたら、バブル崩壊でもっとひどくなってしまった。そういう意味で、編集にまつわる歴史と理論を学んだらいいと思う。

若い人に言うとすれば、編集は面白いということ、それから新聞記者もそうですが、名刺一つで総理大臣にも乞食にも会えるということ。こんな仕事はほかにはない。それから仕事と称して自分の好きな学者、好きな作家にじかに会える。ほかの人たちは会えません。自分が村上春樹がいいと思ったら、村上春樹にとにかく会えるからいい。それに本当に作家といい仕事をすると、一生のおつき合いになる。そういうことができるのも編集者。苦労もあるけれども、本当にほかではえられない自由がある商売だと思う。

5　出版史の不在

鷲尾　一つ言い忘れました。今粕谷さんがおっしゃった通り、日本の場合、近代出版史といった本がない。今度の本を書こうと思って調べたら、あるのはすべて出版社史で、出版史がない。戦前の出版社の九割が潰れているわけで、戦前から残っているのは一割もない。潰れるのが出版の本質というくらいです。先輩も我々も含めて、自分の関わった部分について編集者は書いているけれども、通史としてどうだったのかということは分からない。そういうことをもう少し考えないといけないのではないか。

粕谷　大学でメディア研究がされているのだからこれから出てくると思います。

鷲尾　例えば『「キング」の時代』。いい本だと思うけれども批判があります。例えば著者が広告のことに全く関心がない。ところが広告抜きでキングというのはないだろうと思うのです。

粕谷　あれは学者だから。

鷲尾　そうなんです。だから僕は編集者、出版社がもっと参加しないと、歴史は掘り起こせないのではないかと思います。

藤原　出版というのは一つの文化ですが、その文化はまだ十分に国際的に開かれたものになっていないと、編集という仕事をしていて非常に感じます。松居さんのようにかなり早くから海外と交流している先駆的な方もおられますが、とくに我々のような人文社会科学の分野ではまだまだ一方的な輸入が多い。向こうの編集者と直接交流するような段階にもまだ十分になっていません。そういうことも含めて、現在の日本社会や文化の閉塞状況を切り開いていく上で、編集者の存在というのは、一見、目立たないものであっても、非常に大きいなものであると改めて考えさせられました。きょうは本当にありがとうございました。

後記

本書の意義

「編集とは何か」ということを論じた本はこれまでにも盛んに出版されている。いわゆる「実用的な」ものから、功なり名を遂げた方による優れた本まで、編集、あるいは出版を論じた本は数多く存在する。そうしたなか本書の意義がどこにあるかと言えば、総合雑誌、文藝雑誌、児童書、人文学芸書といった異なるジャンルで経験を積んだベテランの編集者が一堂に会し、「編集とは何か」を論じた点にあると言えるだろう。

小社の月刊『機』誌上のリレー連載が本書の前身にあたる。この連載で、三人の方に「編集とは何か」をめぐって一年間ずつ連載していただいた。そして新たに、講談社の人文書の出版を長年リードしてこられた鷲尾賢也氏にも議論に加わっていただいた。

ジャンルの異なる四人の編集者にとって、「編集」なるものは、それぞれに全く異なるものなのか、あるいはそこには何か共通点があるのか。その点を徹底的に論じ、議論していただきたかったのだが、議論を通じて浮かび上がってきたのは、やはりジャンルは異なっても肝心な部分は共通するということである。

それぞれの方がそれぞれに語っているように、出版における「編集」とは、当たり前のことだが、本をつくること、つまり「出版」することである。本がいかなる形で読者に受け入れられるか、そこまでの見通し、具体的なイメージを持たなければ、「編集」をすることにはならない。

「編集」とは、本全体の「演出」

「編集」にとってまず大事なのは、無論、原稿をいかに読むか、ということだ。しかし、それはふつうの読みとは異なる。本のつくり手としての読みが要求される。文章の意味が分かるか、誤字・脱字はないか、細部にわたって点検する力が求められる。同時に本の全体のイメージを創造する力が要求される。「編集」が担う役割は、非常に大きなものである。ただそれだけにとどまらない。台割、文字の大きさ、書体、ページのレイアウト、紙の選定、装丁、タイトルづけから、定価づけ、部数決定に至るまで、真の意味での「編集」とは、そうした部分を含め、トータルな形で一冊の本全体を編集することである。その意味で、編集は出版に直結する。もちろんジャンルごとに、著者へのアプローチや製作の過程において様々な違いがあるが、「編集イコール出版」である、という点は共通する。全体のイメージを抜きにして編集もできないし出版もできないのである。

その意味で編集者とは、「演出家」であり、プロデューサーと言えるだろう。原稿という材料を読者に向けていかに演出し、出版していくかだ。

「編集」の原点

昨今、様々なテクノロジーが発達し、一見、そうした演出のためのデザインが容易にできる環境が整ってきた。コンピュータを使った編集や装丁も簡単にできるようになった。しかし機械にはできないことがある。

「編集」の原点は、編集者がいかなる問題意識を持つかにある。日常の中で何を見て、何を考えるか。それを抜きにして、編集すること、本全体の具体的なイメージをつくり上げることなどできない。もちろん、初めからクリアなイメージなど持ちえない。だからこそ、日常の中で常に問題意識を持ちつづけ、様々な人々、様々な事柄、また様々な本に出会いながら、当初ぼんやりとしていたそのイメージを次第にクリアなもの、明確なものにしていく。「編集」とは、そうした日常的な行為の延長線上において初めて可能となる。

さらに「編集」には「全体を見る眼」が求められる。日常、身の回りに生じていることをどう見るか。さらにそこから広げて全体をどう見るか。場合によっては、著者以上に自らの世界観が問われ、歴史観が問われるのが、編集者である。だからこそ、本来、本というものは、一カ月や二カ月で簡単にできるものではない。一つの本が誕生するには、長い時間を要する。問題意識を常に持ち、自らの歴史観、世界観を鍛え、企画をじっくり温めるには、当然、五年、十年、あるいは二、三十年と長い時間が必要となろう。同時に著者とも、深く長い付き合いが必要となる。そのなかで、作品が生まれてくるのだ。

例えば、後藤新平。この秋、小社は後藤新平に関連した大型企画の出版を開始するが、この企画も、鶴見和子さんという一人の優れた学者と長年お付き合いさせていただくなかから生まれた。後藤新平は鶴見和子さんの祖父にあたる。いかにしてこのような傑出した女性学者が生まれてきたのか、鶴見和子という存在をトータルに捉えようとするなかで行き当たったのが、後藤新平である。もちろん後藤は、これまでにも様々に論じられてはいる。しかし、従来の〝大風呂敷〟といった後藤イメージはあまりにも貧困であいまいである。実際は、大胆かつ緻密な調査活動を進める中で、百年先を見通すヴィジョンが生まれてきたのだ。そのトータルなイメージを明確にしてゆくために、やはりそれだけの仕事が必要であった。そこから自ずと後藤の企画が生まれ、「後藤新平の全仕事」の出版につながった。二十数年の歳月をかけて。

「編集者」の存在意義

良い本をつくれば売れる。必ず売れる。編集者に必要なのはそうしたシンプルな信念ではないか。良い本をつくれないときには、やはり売れない。「良い本」というのは、内容だけでなく装丁にいたるまで、全体のイメージがぴたっと合致するような本である。そのような本は、少部数でも必ず一定の部数は売れる。それで再生産できる体制を築けば、出版は続けられる。出すべき本、出したい本を出し続けられるのである。

「編集」とは出会いである。「編集」とは創造である。同じ著者の原稿でも、編集者、出版者によって全く異なるものが生まれる。五十年、あるいは百年読まれ続けて、多くの人々の生涯を決定するような本が存在するが、そうした本も、一人の編集者、一人の出版者の存在、あるいはその力量によって生まれたり生まれなかったりする。他にこういう仕事はないのではなかろうか。それだけに社会の中で重要な役割を担っていると思う。またここにこそ、「編集」という仕事の無類の面白さがあるといっても過言ではないであろう。

二〇〇四年十月

藤原良雄

粕谷一希（かすや・かずき）

1930 年東京生まれ。東京大学法学部卒業。1955 年，中央公論社に入社，1967 年より『中央公論』編集長を務める。1978 年，中央公論退社。1986 年，東京都文化振興会発行の季刊誌『東京人』創刊とともに，編集長に就任。他に『外交フォーラム』創刊など。1987 年，都市出版（株）設立，代表取締役社長を歴任。現在，評論家，ジャパン・ジャーナル社長。著書に『中央公論社と私』（文藝春秋社），『河合栄治郎——闘う自由主義者とその系譜』（日本経済新聞社出版局），『二十歳にして心朽ちたり』（新潮社），『面白きこともなき世を面白く——高杉晋作遊記』（新潮社）など。

寺田博（てらだ・ひろし）

1933 年長崎生まれ。早稲田大学教育学部国文科卒業。1956 年，スタイル社に入社。1961 年，河出書房新社に入社，1966 年より『文藝』編集長を務める。1976 年，河出書房新社退社。1982 年より福武書店『海燕』創刊編集長，福武書店取締役出版本部長を歴任。定年退職後，文芸評論活動に従事。編著書に『時代を創った編集者 101』（新書館），著書に『百冊の時代小説——決定版』（文藝春秋社），『ちゃんばら回想』（朝日新聞社）など。

松居直（まつい・ただし）

1926 年京都生まれ。同志社大学法学部卒業。1952 年，福音館書店の創業に参画，福音館書店編集部で創作絵本の出版に力を注ぐ。1956 年より月刊絵本『こどものとも』編集長を務める。社長，会長をへて，1997 年より相談役，現在に至る。絵本の創作や批評活動も精力的に展開している。著書に『絵本とは何か』（日本エディタースクール出版部），『絵本・ことばのよろこび』（日本基督教団出版局），『子どもの本・ことばといのち』（日本基督教団出版局），『絵本の現在 子どもの未来』（日本エディタースクール出版部），『絵本のよろこび』（ＮＨＫ出版）など。

鷲尾賢也（わしお・けんや）

1944 年東京生まれ。慶應義塾大学経済学部卒業。1969 年，講談社に入社。『週刊現代』編集部を経て，1972 年，現代新書編集部に異動。以後書籍編集に携わり，1979 年より現代新書編集部編集長を務める。現代新書の他，単行本，ＰＲ誌「本」，ハンドブックシリーズ，「季刊人類学」などに関わる。その後，1994 年「選書メチエ」，1996 年「健康ライブラリー」，1997 年「現代思想の冒険者たち」，2000 年「日本の歴史」などを創刊する。2003 年，取締役を最後に現役を退く。現在，講談社顧問。著書に『編集とはどのような仕事なのか——企画発想から人間交際まで』（トランスビュー）。

編集《へんしゅう》とは何《なに》か

2004年11月30日　初版第1刷発行©

著　者　粕谷一希
寺田博
松居直
鷲尾賢也

編　者　藤原書店編集部

発行者　藤原良雄

発行所　株式会社 藤原書店

〒162-0041　東京都新宿区早稲田鶴巻町523
TEL　03（5272）0301
FAX　03（5272）0450
振替　00160-4-17013
info@fujiwara-shoten.co.jp

印刷・製本　中央精版印刷

落丁本・乱丁本はお取り替えします
定価はカバーに表示してあります

Printed in Japan
ISBN4-89434-423-8

メディア論の古典

声の文化と文字の文化

W-J・オング
桜井直文・林正寛・糟谷啓介訳

声の文化から、文字文化—印刷文化—電子的コミュニケーション文化を捉え返す初の試み。あの「文学部唯野教授」や、マクルーハンにも多大な影響を与えた名著。「書く技術」は、人間の思考と社会構造をどのように変えるのかを魅力的に呈示する。

四六上製　四〇八頁　**四三〇五円**
（一九九一年一〇月刊）
◇4-938661-36-5

ORALITY AND LITERACY　Walter J. ONG

商業主義テレビ批判

メディア批判

P・ブルデュー
櫻本陽一訳＝解説

ピエール・ブルデュー監修〈**シリーズ・社会批判**〉第二弾。メディアの視聴率・部数至上主義によって瀕死の状態にある「学術・文化・芸術」を再生させるために必要な科学的分析と実践的行動を具体的に呈示。視聴者・読者は、いま消費者として「メディア批判」をいかになしうるか？

四六変並製　一九二頁　**一八九〇円**
（二〇〇〇年七月刊）
◇4-89434-188-3

SUR LA TÉLÉVISION　Pierre BOURDIEU

ポスト・ブルデューの旗手

世論をつくる

〈象徴闘争と民主主義〉

P・シャンパーニュ
宮島喬訳

「世論」誕生以来の歴史と現代の状況を緻密に検証。世論やマスメディアの孕む虚構性と暴力性をのりこえて、「真の民主主義にとってあるべき世論をいかにつくりだすか」という課題への根本的な問題提起をなす、名著の完訳。

A5上製　三四四頁　**三七八〇円**
（二〇〇四年二月刊）
4-89434-376-2

FAIRE L'OPINION　Patrick CHAMPAGNE

全く新しい読書論

奔放な読書

〈本嫌いのための新読書術〉

D・ペナック
浜名優美・木村宣子・浜名エレーヌ訳

斬新で楽しい「読者の権利一〇ヵ条」の提唱。①読まない②飛ばし読みする③最後まで読まない④読み返す⑤手当たり次第に何でも読む⑥ボヴァリスム⑦どこで読んでもいい⑧あちこち拾い読みする⑨声を出して読む⑩黙っている

四六並製　二一六頁　**一五二九円**
（一九九三年三月刊）
◇4-938661-67-5

COMME UN ROMAN　Daniel PENNAC

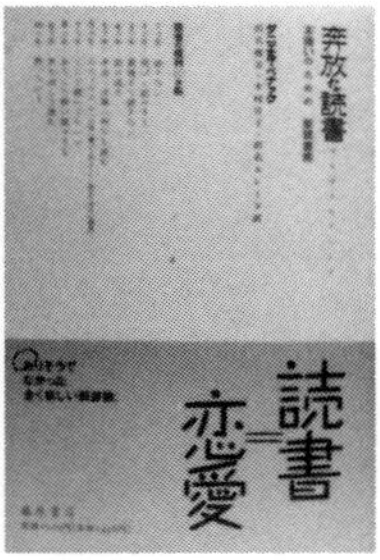